砥砺奋进
谱华章

彭州撤县设市30年图文纪实

彭州市地方志编纂委员会办公室
彭州市档案馆 编

1993—2023
PENGZHOU

新华出版社

图书在版编目（CIP）数据

砥砺奋进谱华章：彭州撤县设市 30 年图文纪实 /

彭州市地方志编纂委员会办公室，彭州市档案馆编 .

-- 北京：新华出版社，2023.8

ISBN 978-7-5166-6928-0

Ⅰ . ①砥… Ⅱ . ①彭… ②彭… Ⅲ . ①彭州 - 概况

Ⅳ . ① K297.13

中国国家版本馆 CIP 数据核字（2023）第 141711 号

砥砺奋进谱华章：彭州撤县设市 30 年图文纪实

编　　者：彭州市地方志编纂委员会办公室　彭州市档案馆

选题策划：唐波勇

责任编辑：唐波勇　　　　　　　　封面设计：唐小糖

出版发行：新华出版社

地　　址：北京石景山区京原路 8 号　　邮　　编：100040

网　　址：http：//www.xinhuapub.com

经　　销：新华书店、新华出版社天猫旗舰店、京东旗舰店及各大网店

购书热线：010-63077122　　　　　中国新闻书店购书热线：010-63072012

照　　排：成都圣立文化传播有限公司

印　　刷：四川金邦印务有限公司

成品尺寸：185mm×260mm

印　　张：17.75　　　　　　　　　字　　数：280 千字

版　　次：2023 年 10 月第一版　　　印　　次：2023 年 10 月第一次印刷

书　　号：ISBN 978-7-5166-6928-0

定　　价：118.00 元

城市名片

1993—2023
PENGZHOU

全国县域经济百强县

国家生态市

国家卫生城市

中国营商环境百佳示范县市

全国农村中医药工作先进单位

中国曲艺名城

全国书香城市

大熊猫国家公园

白水河国家森林公园

龙门山国家地质公园

白水河国家级自然保护区

龙门山国家级风景名胜区

四川省文明城市

四川省全域旅游示范区

中国蔬菜之乡

牡丹之乡

彭州市地理区位图

九寨沟风景区
Jiuzhai Valley Scenic Area

绵阳市区
Downtown
Mianyang
100km
90mins

四川省
Sichuan Province

德阳市区
Downtown
Deyang
50km
1h

川西北生态经济区
Northwestern Sichuan
Ecological Economic
Zone

大熊猫国家公园
Giant Panda
National Park

都江堰
Dujiangyan

彭州
Pengzhou

三星堆遗址
Sanxingdui Site

国际铁路港
International Railway Port
30km 50mins

25km
15mins

成都市
Chengdu City

成都中心城区
Downtown
Chengdu

重庆
Chongqing
City

双流国际机场
Chengdu Shuangliu
International Airport
55km
40mins

天府国际机场
Chengdu Tianfu International Airport
100km
90mins

成都市
Chengdu City
四川省
Sichuan Province
重庆市
Chongqing City

彭州市行政区划图

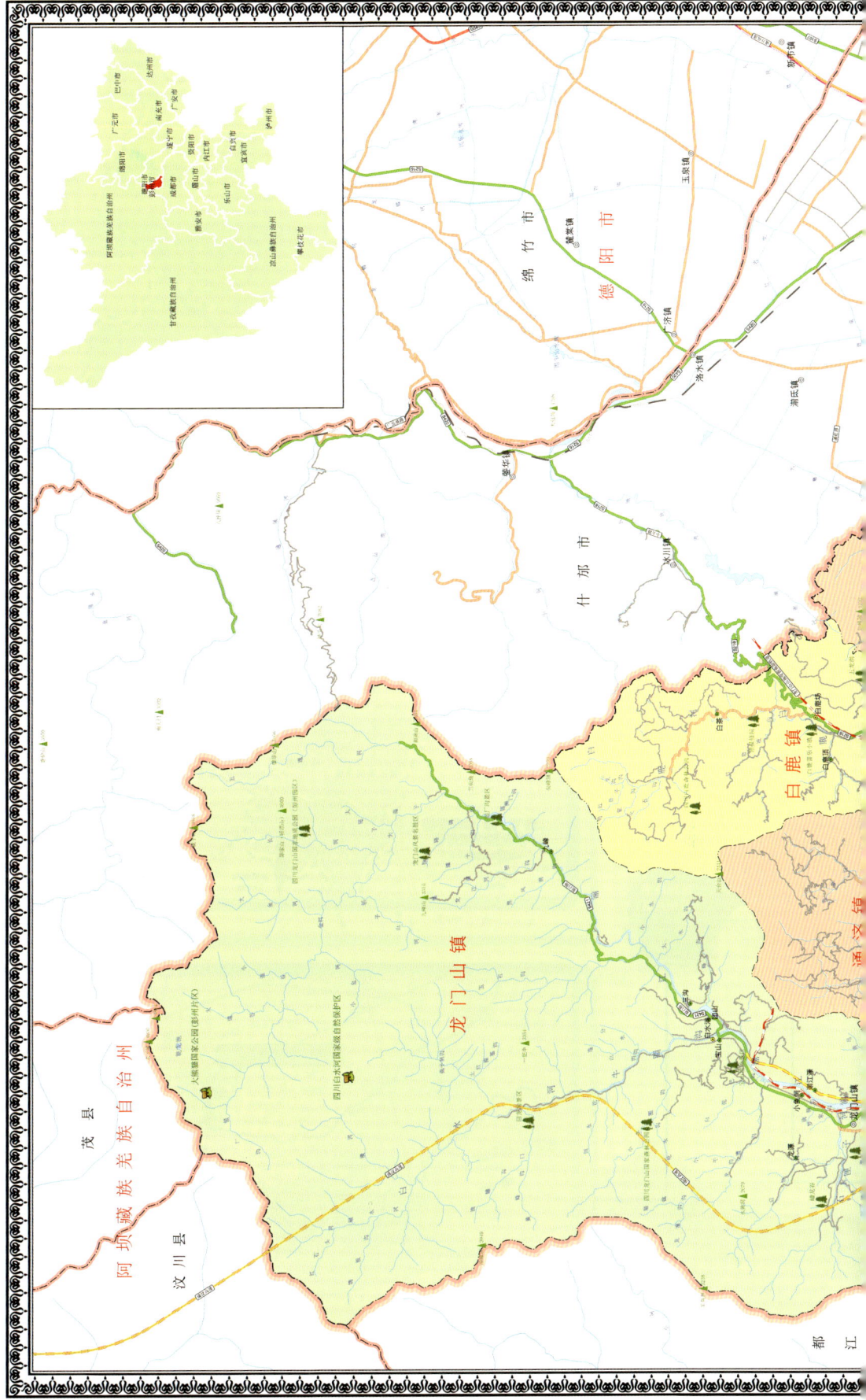

绵 竹 市

德 阳 市

什 邡 市

白 鹿 镇

通 济 镇

龙 门 山 镇

茂 县

阿坝藏族羌族自治州

汶 川 县

都 江

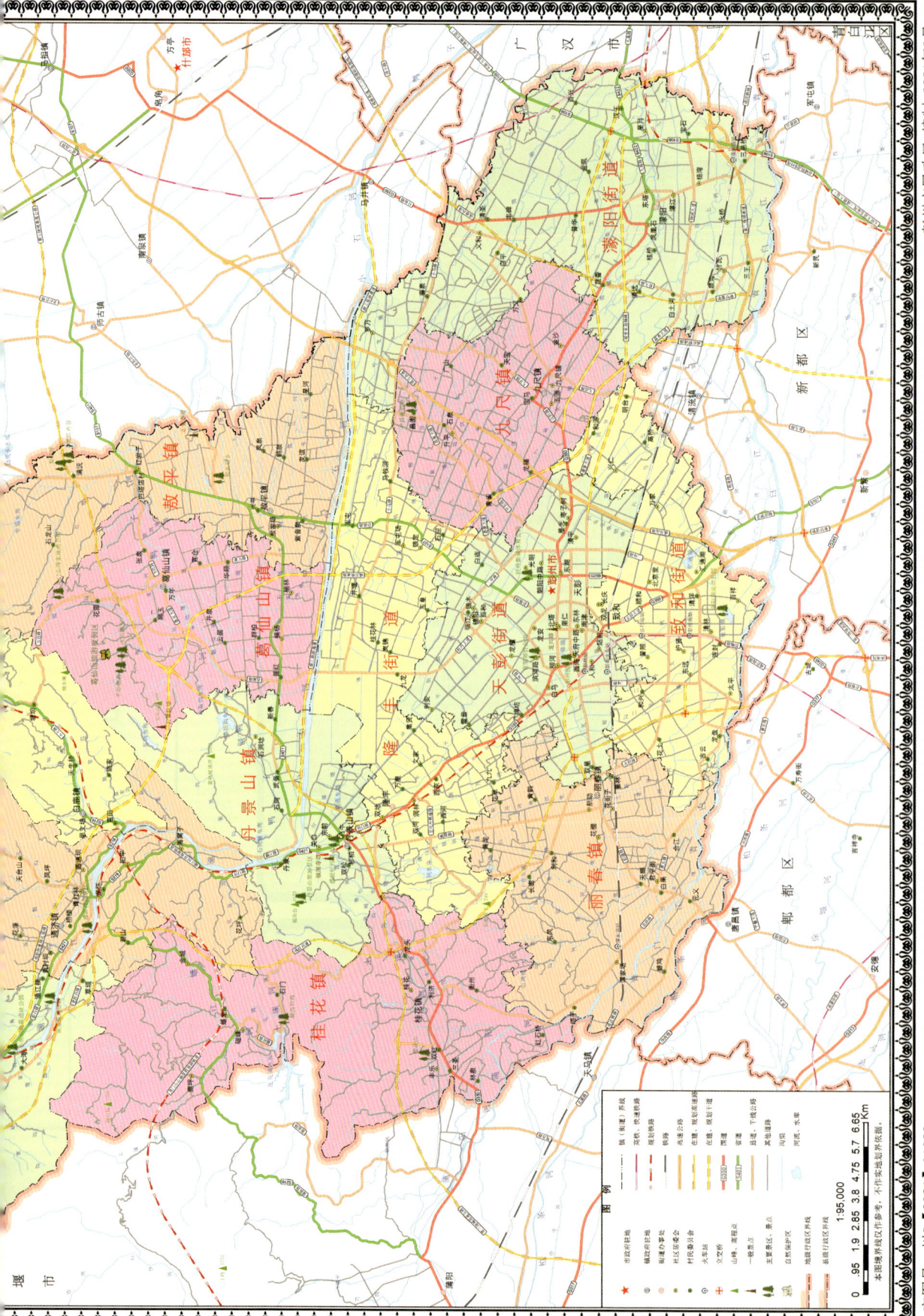

彭州市民政局 编制 2021年9月

审图号：川S【2021】01028

前　言

时光荏苒，岁月如歌。2023年是彭州撤县设市30周年，对于千年古城彭州来说虽只是短短一瞬，但这"一瞬"间上演的蝶变，让彭州城乡面貌焕然一新，各项事业阔步前进。

回顾历史，催人奋进。30年流金岁月，30年砥砺前行，彭州与祖国同步、与时代共舞，谱写了一篇又一篇无愧于历史、无愧于时代的华章，交出了全面建成小康社会的厚重历史答卷，为全面打造立体山水彭派之城奠定了坚实基础。这30年，彭州坚持高质量发展，综合实力实现了历史性迈进，上榜全国百强县；30年来，彭州聚焦创新发展，三次产业量质并进，实现从传统粗放到现代集约的历史性转型；30年来，彭州聚焦协调发展，城镇面貌日新月异，实现从小城旧城向立体山水公园城市的历史性提升；30年来，彭州聚焦绿色发展，厚植城市发展优势，实现从"牺牲环境换取增长"向"绿水青山就是金山银山"理念的深刻转变；30年来，彭州聚焦开放发展，城市活力加速释放，形成全方位、宽领域、多层次开放新格局；30年来，彭州聚焦共享发展，民生福祉全面增进，实现市民生活从温饱向全面小康的历史性跨越；30年来，彭州纵深推进全面从严治党，以"五个走在前列"的奋斗姿态，为彭州现代化建设行稳致远提供坚强保障。

为记述彭州人民30年的奋斗历程和全市改革发展取得的巨大成就，发挥存史、资政、育人的作用，按照市委、市政府安排部署，我们组织编写了《砥砺奋进谱华章——彭州撤县设市30年图文纪实》一书。全书采用图文互现的方式，记录彭州气壮山河的社会变革，回顾彭州日新月异的时代变迁，颂扬彭州砥砺奋进的城市精神。

跨越雄关，再启新程。习近平总书记指出，一代人有一代人的使命，一代人有一代人的担当。不忘初心、牢记使命，接续奋斗、再创辉煌是对撤县设市30周年的最好纪念。希望本书能启迪当下、昭示未来，鼓舞激励更多读者热爱彭州、建设彭州，立足新发展阶段、贯彻新发展理念、融入新发展格局，奋楫扬帆、同心协力，探索实践中国式现代化万千气象成都篇章的彭州表达！

本书编委会

2023年7月

CONTENTS
目 录

第六章　均衡发展，教卫文体全面提升

第七章　共建共治，构建智慧韧性彭州

专题记述

展　望

附　录

后　记

砥砺奋进三十载　天府金彭谱华章

——彭州撤县设市30周年综述

　　无论我们走得多远，都不能忘记来时的路。回溯彭州的发展轨迹，我们需要把时光穿越到30年前：1993年11月18日，是彭州人民值得铭记的日子，这一天，经国务院批准，同意撤销彭县设立彭州市。盛唐时期设置的彭州，在盛世中华再次恢复这个名字，千年的轮回注定这是一个新的里程碑，伴随着中华民

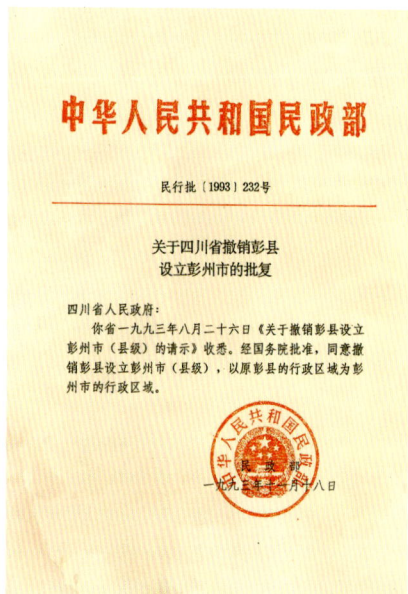

1993年11月18日，民政部关于撤销彭县设立彭州市的批复

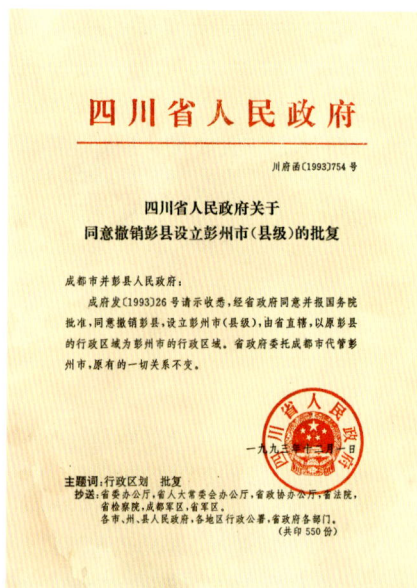

1993年12月1日，四川省人民政府关于同意撤销彭县设立彭州市的批复

族伟大复兴的时代潮流，彭州从此掀开了历史的新篇章。

30载流金岁月，30载风雨兼程，30载沧桑巨变。彭州与时间赛跑，发生了有目共睹的变化，取得了令人瞩目的成绩，创造了一个又一个无愧于历史的奇迹，书写了一个又一个无愧于时代的辉煌，交出了全面建成小康社会的厚重历史答卷，为全面打造立体山水彭派之城奠定了坚实基础。这30年，是彭州经济实力迅速提升的30年，是产业结构不断优化的30年，是城乡面貌日新月异的30年，是人民生活日益幸福的30年，是生态环境质量持续改善的30年。

坚定高质量发展，区域综合实力大幅跃升，实现从瘦小弱小到整体壮大的历史性迈进。30年来，彭州始终坚持以经济建设为中心，牢牢把握发展第一要务，积极抢抓国家实施"西部大开发""全面深化改革""一带一路""成渝地区双城经济圈建设"和成都市"统筹城乡综合改革试验区建设""西控北改""公园城市示范区建设"等重大战略发展机遇，全面推进高质量发展，综合实力实现大幅跃升。从1992年到2022年，全市地区生产总值从19.66亿元猛增到638.92亿元，增长31倍；一般公共预算收入从0.67亿元增长到41.32亿元，增长61倍。2019—2022年，连续四年入围"中国西部百强县市"名单；2022年，入选"全国县域高质量发展百强"第96名、赛迪全国县域经济百强县榜单第95名，2023年再度入围第92名，实现争先进位。

聚焦创新发展，三次产业量质并进，实现从传统粗放到现代集约的历史性转型。撤县设市初，第一产业增加值5.50亿

1992—2022年地区生产总值一览

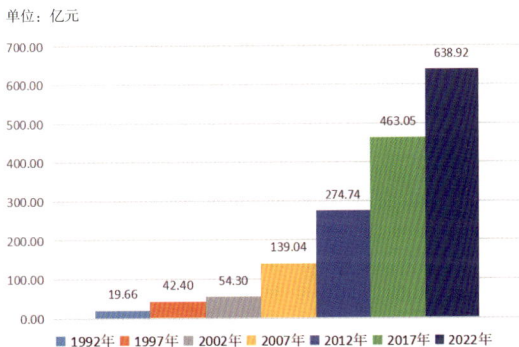

单位：亿元

1992—2022年一般公共预算收入

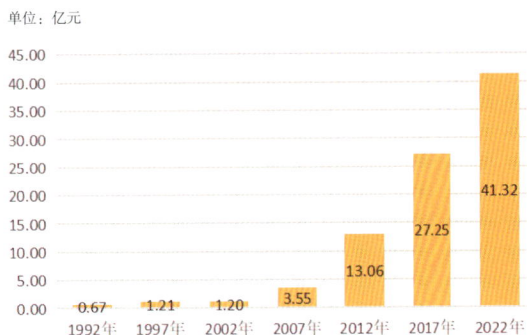

单位：亿元

元，第二产业增加值9.71亿元，第三产业增加值4.46亿元，乡镇企业蓬勃发展。30年来，市委、市政府大力推进产业集中集约发展，深化供给侧结构性改革，以创新驱动产业转型升级，统筹推进产业基础高级化和产业链现代化。通过重塑产业经济地理，推动产业建圈强链，规划建设了成都新材料产业功能区、天府中药城、龙门山湔江河谷生态旅游区和天府蔬香现代农业产业园、彭州航空动力特色小镇等"3+2"产业园区，在彭州已经基本形成了"新材料、中医药大健康、航空动力装备、文化生态旅游及康养、现代农业及商贸物流"三次产业融合发展的五大现代产业体系。到2022年，第一产业增加值67.36亿元、增长11倍，第二产业增加值358.93亿元、增长36倍，第三产业增加值212.62亿元、增长47倍，三次产业的比重调整为10.5：56.2：33.3。

1992年三次产业增加值及比重

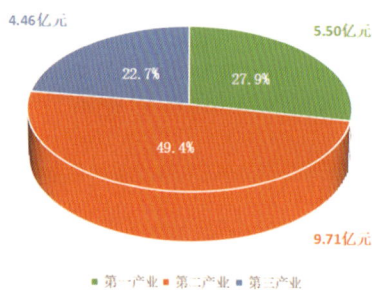

2022年三次产业增加值比重

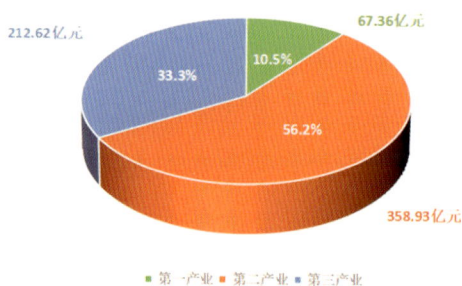

工业经济突飞猛进。30年来，市委、市政府先后确定了加快乡镇企业发展、工业富市、工业园区化、制造强市等战略，强化创新驱动，掀起了一轮又一轮的工业发展高潮。特别是2008年四川石化项目的正式落户，为彭州的工业发展带来重大机遇，转型升级步伐加快，清理淘汰落后产能，坚定发展先进制造业，新材料及绿色低碳、医药健康、航空动力装备及增材制造三大产业集群不断壮大。新材料、航空动力装备和增材制造产值突破700亿元，成都新材料产业化化工园区获批成都唯一省级化工园区，中医药制造产值持续保持全省第一，全国首个中医药指数在彭发布，彭州成为成都的新材料、生态环保、创新药、高端诊疗产业主要承载地，新能源、高端医疗器械产业协同发展地，荣获"新时代十年成都制造业发展先进单位"。工业主导带动作用日益增强，1992—

2022年，工业增加值从7.72亿元增长到327.42亿元，增长41倍。企业培育成效明显，规模以上工业企业达237家，百亿元企业1家，十亿元企业12家，2022年华融化学在深交所创业板挂牌上市。科技创新深

1992—2022年工业增加值

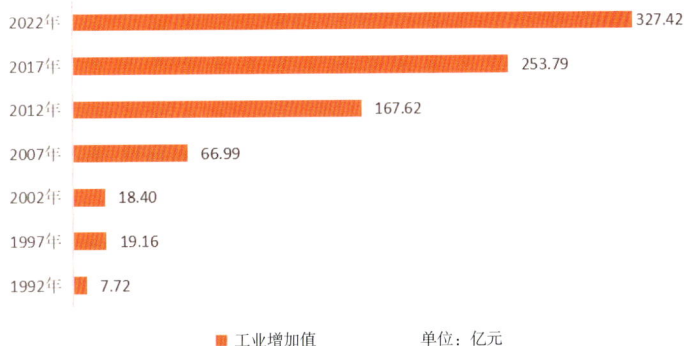

年份	工业增加值
2022年	327.42
2017年	253.79
2012年	167.62
2007年	66.99
2002年	18.40
1997年	19.16
1992年	7.72

■ 工业增加值　　　　单位：亿元

入推进，建成北航创新研究院、大连理工大学成都研究院等4个新兴研发机构、成都市级以上创新平台54个，其中院士（专家）工作站2个、博士后创新实践基地3个，成功创建四川省首批院士（专家）产业园，万人发明专利拥有量1.9件。新经济企业营业收入突破100亿元，建成成都市唯一的国家级民用无人机驾驶航空试验基地。

现代农业提质增效。彭州作为农业大县，传统农业有着厚实的基础。市委、市政府着力破解体制机制障碍，顺利完成农村税费、产权制度等各项改革，深化农业供给侧结构性改革，大力实施乡村振兴战略，推动农业向规模化和高端化转型升级，实现从传统农业到都市现代农业的嬗变。30年来，从联产承包到土地流转，从传统劳作到机械作业，规划建设2个十万亩粮油产业园区、9个万亩粮经复合产业基地。农业产业化扎实推进，培育成都市级以上农业产业化重点龙头企业32家、农产品加工企业112家，培育农民专业合作社1235家、家庭农场840家，15个市级现代农业园区，适

1992—2022年第一产业增加值

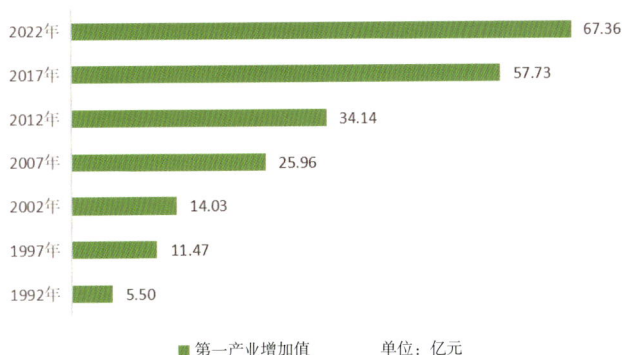

年份	第一产业增加值
2022年	67.36
2017年	57.73
2012年	34.14
2007年	25.96
2002年	14.03
1997年	11.47
1992年	5.50

■ 第一产业增加值　　　　单位：亿元

度规模经营率74%。农业品牌建设成效显著，"三品一标"农产品认证149个，"彭州大蒜""彭州莴笋""彭州川芎"和"彭州九尺板鸭""彭县黄鸡"获得国家农产品地理标志保护产品、证明商标称号。都市现代农业快速发展，建成全国一流、西部最大的国际农产品交易中心，彭州绿色大地蔬菜产量稳定在235万吨以上，"买全球、卖全国、保成都"的农物流功能凸显；天府蔬香现代农业产业园获评国家农村产业融合发展示范园，连续举办11届中国·四川（彭州）蔬菜博览会。1992—2022年，第一产业增加值从5.50亿元增长到67.36亿元，增长了11倍，荣获中国蔬菜之乡、四川省乡村振兴先进市等称号。

第三产业日益兴旺。商贸物流、电子商务、现代金融、休闲旅游等现代服务业，追随时代步伐，从无到有，传统商贸向新型业态迅猛发展。1992—2022年，社会消费品零售总额从4.88亿元增长到127.52亿元，增长25倍。随着城市建设的拓展和市民消费需求的增长，先后引进了永辉、沃尔玛、百伦新宸百货等大型超市，建成置信逸都城、航利广场、望蜀里等一大批商业综合体及特色商业街。濛阳新城作为城市副中心拥有永辉物流、标果供应链和国际农产品交易中心，成为农物流供应链集聚区。电子商务、"互联网+"兴起，培育泰便利、标果等电子商务龙头企业10余家，涌现出"胖娃老四"等百万级粉丝电商直播账号4个，快递品牌11家、快递网点253个。现代金融创出特色，创新构建"2+5+N""蓉易贷"推广模式，普惠民营中小微企业贷款3732笔、余额148.79亿元，在全国率先试点蔬菜和生猪价格指数保险，农村金融改革获得国务院高度肯定。旅游业快速发展，2022年，累计接待游客1755.93万人次，旅游总收入101.01亿元。拥有国家AAAA级旅游景区3个，省级旅游度假区2个，全国乡村旅游重点村2个，全国休闲

1992—2022年社会消费品零售总额

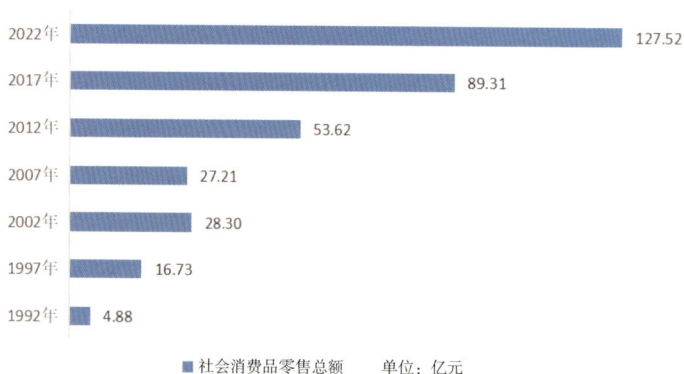

年份	社会消费品零售总额
2022年	127.52
2017年	89.31
2012年	53.62
2007年	27.21
2002年	28.30
1997年	16.73
1992年	4.88

■ 社会消费品零售总额　　单位：亿元

农业与乡村旅游示范点、中国乡村旅游模范村、省级生态旅游示范区各1个。创新谋划"民宿点亮乡村"，塑造了"龙门雪山下·七星耀湔江"精品民宿品牌，获评全国县域旅游发展潜力百佳县和四川省旅游强县称号，成为四川省全域旅游示范区。

聚焦协调发展，城镇面貌日新月异，实现从小城旧城向立体山水公园城市的历史性提升。30年来，彭州先后进行了3次城市总体规划修编，2019年启动彭州市国土空间规划编制工作，城市框架全面拉开，东延南拓步伐加快，天彭主城区形成了老城区、牡丹新城、南部新城组团发展的城市建设格局，建成区面积从10平方公里拓展到29.29平方公里。城市公共设施不断完善，建成全省首条县级城市三环路，新建（续建）市政道路58条，水电气和通信网络等公用设施保障能力持续增强，数字化城管、高清天网、智能交通等现代城市信息系统高效运转。市中医院新区、城市运动综合体等一批重大项目加快推进。城市品质不断强化，改造城区老旧院落144个，美化背街小巷75条，打造微绿地、小游园30个，官渠郊野公园、汇通湖生态湿地公园、体育公园等休闲运动场景成为新的打卡地，安仁东街、滨河路、体育场西街等多条市政道路获评成都市"最美街道"。城市功能不断提升，龙兴寺历史文化特色街区、望蜀里特色街区、彭州中学九峰书院校区、彭州高铁站等标志性建筑拔地而起，143个现代化住宅小区相继落成，城市人均住房面积达40平方米，城市建成区绿化覆盖率达43.2%。新型城镇化加快推进，集聚辐射效应增强。城市副中心濛阳新城（成都国际陆港彭州片区）入选成都市"三个做优做强"首批重点片区，通济森林康养度假、丹景山文体旅融合发展、濛阳天府蔬香现代农业、丽春新材料现代制造四个城乡融合发展片区特色更加鲜明。新农村建设欣欣向荣，基础设施更趋完善。灾后重建、新居工程、"拆院并院"、农村人居环境整治"三大革命"等深入实施，农村新型社区如珍珠般点缀彭州山水田园之间，道路交通四通八达、人居环境清爽整洁，农村面貌焕然一新，建成了宝山村、金城社区、云居村等一大批精品村、特色村。市域空间布局形成了"1125N"城乡融合发展空间体系。彭州先后荣获国家卫生城市、四川省文明城市等荣誉称号，上榜2022赛迪乡村振兴全国百强县。

聚焦绿色发展，厚植城市发展优势，实现从"牺牲环境换取增长"向"绿水青山就是金山银山"理念的深刻转变。彭州尊重自然、顺应自然、保护自然，坚持人与自然和谐共生，持之以恒推进生态文明建设。自2006年开始，加大落后产能淘汰力度，加快绿色生态城市建设，用五年时间全面退出了煤炭、小水泥、小石灰窑、砂石等资源型行业；党的十八大以后，坚定践行"两山"理念、"双碳"战略，以壮士断腕的决心和勇气，先后关闭污染型、资源型、高耗能企业近600户，关闭（退出）小水电25座，清理整治散乱污工业企业1220家。全面关闭禁养区内畜禽养殖场，在成都市率先实现全域生活垃圾"零填埋"，农村"厕所革命"经验入选全国九大典型范例。空气质量持续改善，2020—2021年，连续两年空气质量优良天数达到300天以上，较实施新标准的2016年增加110天，PM$_{2.5}$年均浓度下降46.3个百分点，达到国家二级标准。河湖长制深入实施，地表水考核断面全面达标，集中式饮用水源水质优良比例稳定保持100%。生态价值不断彰显，以"湔江、官渠、泉水"三大生态绿道体系串联特色镇村、农业园区、川西林盘的生态绿道建成317公里，将持续推进全域绿道"结网成链"。以生态本底规划建设的大熊猫国家公园彭州片区、官渠郊野公园等13个展现彭州特色的主题公园加快显现，绿色生态场景、时尚消费场景、优雅生活场景点亮了立体山水公园城市。全市森林覆盖率达42.71%，国家级生态镇全域覆盖，蓝天、绿水、青山成为彭州最鲜明的底色，成功创建国家生态市、国家生态文明建设示范市、中国气候宜居城市、全国绿色出行创建考核评价达标城市。

聚焦开放发展，城市活力加速释放，形成全方位、宽领域、多层次开放新格局。30年来，彭州这座城市保持包容开放的姿态接纳世界，坚持四向拓展全域开放。交通桎梏加速打破，交通体系从"一纵三横"到"1高1快1轨"再到"5高6快7轨"，成彭高速、成都二绕、成都三绕、成德大道、湔江路、蔬香路、天桂路等20余条主要干线相继建成通车，境内公路里程达2799.96公里，成彭快铁增至每日22对，成汶高速、成德市域铁路S11线、成彭快速路、天府大道北延线（濛阳段）等重大交通项目加快推进，彭州正加速融入成德绵经济圈。国际交流不断拓展，国际友好（合作）关系城市增至23对，建成全省首个县级国际友城合作馆，成功加入世界遗产城市组织，荣获国家级"中法地方合作开发奖""国际友城战略发展奖"。2022年实现外贸进出口总额20.5亿元。区域合作不断深化，2017年至今累计引进亿元以上项目241个。促进同西宁、兰州、拉萨等区域合作发展。与什邡在全省率先实现金融服务同城化，彭什川芎现代农业产业园获四川省成德眉资精品示范点一等奖，与东部新区、遂宁射洪、重庆长寿、重庆武隆等地建立区域合作，获评成渝地区双城经济圈建设工作先进区（市）县。倾情倾力做好对口支援石渠、黑水工作，荣获四川省对口帮扶藏区彝区贫困县先进集体。营商环境不断优化，高标准建成政务服务中心，首创行政审批"一窗一章"，在全国率先组建综合行政执法局，全面推广"蓉易办""蓉易享"平台，"全程网办率"达92.96%。实行重大项目跟踪调度、"专班+专员"精准服务，开展工程建设项目"一窗受理、并联审批"，全面推行水电气信"一站式"报装，"蓉易贷"等政策性贷款投放量位居郊区新城第一，获评全国投资竞争力百强县，荣登中央广播电视总台发布的2022城市营商环境创新县（市）。

聚焦共享发展，民生福祉全面增进，实现市民生活从温饱向全面小康的历史性跨越。始终坚持以人民为中心的发展理念，一大批惠民举措落地实施，特别是近十年来，累计投入民生资金299.6亿元，实施了"幸福美好生活十大工

1992—2022年城乡居民人均可支配收入

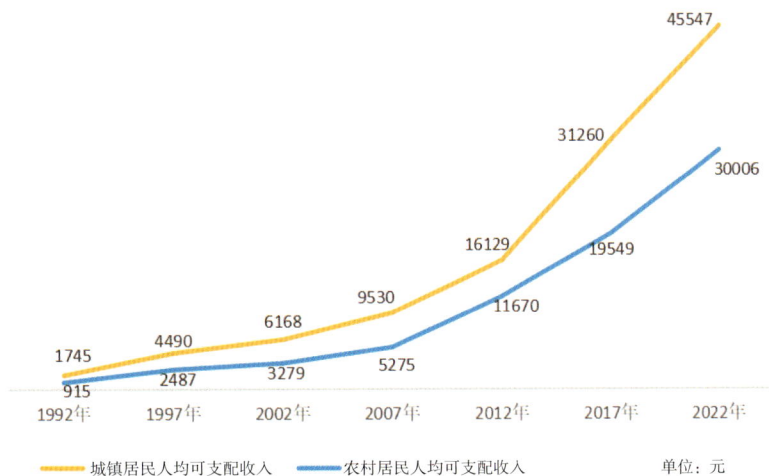

单位：元

城镇居民人均可支配收入：1745、4490、6168、9530、16129、31260、45547

农村居民人均可支配收入：915、2487、3279、5275、11670、19549、30006

年份：1992年、1997年、2002年、2007年、2012年、2017年、2022年

程"等一系列民生工程，市民获得感、幸福感不断增强，城镇居民人均可支配收入从1745元增长到45547元，农村居民人均可支配收入从915元增长到30006元，分别增长25倍、32倍，荣登"成都市民幸福感调查"榜首城市，成为中国率先全面建成小康社会优秀城市。教育均衡化水平不断提高。结合乡镇行政区划调整，实施城乡学校（园）规划布局多轮调整，累计投入184.02亿元（其中1992年投入0.32亿元、2022年投入19.46亿元），构筑起从学前教育、义务教育、特殊教育、高中教育、中职教育、终身教育到地方高等教育的完备教育体系，拥有各类全国、省市级特色学校156所，彭州获评国家级农村职业教育和成人教育示范县，是中国西部唯一荣获国际数学奥林匹克赛2枚金牌的县（市），高考质量连续多年保持成都郊区新城前列。城乡医疗卫生服务不断完善，城乡医保一体化，市民看病报销比例不断提升，在全省率先实现了县级综合医院、中医医院、妇幼保健院"三甲"全覆盖，医疗联合体覆盖率100%，市民人均期望寿命增至82.31岁，成为全国农村中医药工作先进县（市）、全国计划生育优质服务先进单位、国家妇幼健康优质服务示范县。文化体育事业更加繁荣，深入实施文体惠民工程，成功创建国家一级图书馆、文化馆和国家二级综合档案馆，镇（街道）综合文化站均达到一级文化站标准，全民健身公共活动场所实现行政村全覆盖，打造"梨花·读"等46个公共文化阅读空间，县级非遗项目拥有数量在成都区（市）县中居首位，天彭牡丹花会、白鹿·中法古典音乐艺术季和龙门山国际户外生态三项赛、CBSA成都·彭州中式台球国际公开赛等成为彭州特色文体旅品牌。群众性文体活动丰富多彩，2016年成为四川省唯一的全国书香城市（区县级），获评全国体育先进县（市）、全国群众体育先进单位，成功创建全国健身球操之乡、中国十佳运动休闲城市、中国民间文化艺术之乡、中国曲艺名城。社会保障全面加强，社保、医保、低保救助标准稳步提高，城乡居民基本医疗保险及城乡居民养老保险参保率分别达98%、90%；城镇就业稳步增长，养老服务水平不断提高，在成都近郊市县率先实现公交、农村客运双国有化运营，获评"四好农村路"全国示范县、四川省"金通工程"示范市；群众生活品质有效提升。食品药品安全形势稳中向好，获评国家农产品质量安全监管示范县。"平安彭州"建设成效显著，扫黑除恶、铁腕禁毒战役取得丰硕战果，获评全国禁毒工作先进集体、四川省平安建设先进县、首批成都市禁毒示范区（市）县。

一组组客观数据、一项项发展成果，印证了彭州撤县设市30年来的辉煌历程。看似寻常最奇崛，成如容易却艰辛。**撤县设市30年，最重要的法宝是坚持党的领导。**30年来，彭州市委充分发挥总揽全局、协调各方的领导核心作用，形成人大、政府、政协分工协作、相互配合、共同推进的良好局面。坚决维护党中央集中统一领导，致力于从严治党，不断加强党的政治建设、思想建设、组织建设、作风建设和纪律建设，发挥了凝聚人心、指导实践、把握方向的重要作用。**撤县设市30年，最宝贵的经验是坚持改革开放。**30年来，历届市委、市政府针对各个阶段的发展形势和变化，不断冲破旧的习惯思维束缚，在解放思想中完善思路，在深化改革中守正创新，做出了一系列符合彭州实际的重要战略部署，为彭州发展举旗定向。**撤县设市30年，最有力的举措是坚持发扬斗争精神。**30年来，全市上下在敢于斗争、善于斗争中凝聚奋进伟力，一路披荆斩棘、一路挥洒血汗，攻克了"汶川特大地震"、暴雨山洪、非典、新冠疫情等一个又一个难关险阻，有效应对接踵而至的巨大风险挑战，以奋发有为的精神铸就了彭州今天的辉煌。**撤县设市30年，最根本的要求是坚持人民至上。**30年来，彭州始终坚持发展为了人民、发展依靠人民、发展成果由人民共享，坚持不懈地实施民生工程，使人民群众真正享受到经济社会发展的成果，形成共建共享的生动局面。

30年薪火相传，30年阔步前行。回望过去，筚路蓝缕，一路艰辛，我们共同奋斗，收获来之不易的成功与喜悦，在经济建设和社会发展上取得了一个个非凡成就；展望未来，前途光明，任重道远，我们豪情万丈，而立之年的彭州风华正茂再出发！彭州将以撤县设市30周年为新起点，奋楫扬帆新征程，笃行不怠向未来，全面贯彻落实党的二十大精神，以建强"大后方"、唱好"双城记"、做强"都市圈"、建好"示范区"、打造"幸福城"为引领，推进跨界融合，聚力提质倍增，全面打造立体山水彭派之城，接续接力开启彭州经济社会高质量发展新征程！

彭州概况

　　彭州位于成都平原西北部，是成都北向交通门户枢纽，南连新都、郫都，西临都江堰，东接广汉、什邡，北邻汶川、茂县。境内地貌为"六山一水三分坝"，辖区面积1421.43平方公里，户籍总人口78.89万人（2022年）。市花牡丹。市政府驻地天彭街道。

彭州紫

建置沿革

彭州古为蜀国之地，秦国灭蜀后推行郡县制，始于今彭州境内设立繁县，此为彭州建置的开端。两千多年来，虽历经变迁，但县的设置一直未变。唐武后垂拱二年（公元686年）置彭州，明洪武十年（公元1377年）降州为县，始名彭县，直至1993年撤县设立县级彭州市。2019年乡镇机构改革后，全市辖4个街道9个镇，83个社区119个行政村。

彭州建置沿革简表

战国时期

秦国于公元前316年灭蜀，后于秦昭王二十二年（公元前285年）在蜀地置蜀郡，郡下设县，于彭州东南平坝地区设立繁县，另有部分区域分属郫、湔氐两县。

秦代

今日彭州全境仍分属繁、郫、湔氐三县。

汉代

承袭秦制仍称蜀郡，汉高祖六年（公元前201年）分巴、蜀二郡置广汉郡，彭州境内三县归广汉郡。后来，湔氐县改为湔氐道。

三国时期

蜀汉改湔氐道为湔县，繁、郫两县仍保留。

两晋时期

繁县、郫县仍属蜀郡，治地未变。

南北朝时期

西魏统蜀时期，在彭州置九陇郡。

隋代

隋朝统一全国后，彭州建置屡经变化，主称九陇郡、九陇县。

唐代

彭州建置渐趋稳定。唐初，改蜀郡为益州，分益州之九陇、绵竹、导江三县，置濛州。唐高宗仪凤二年（公元677年），置濛阳县，属益州。唐武后垂拱二年（公元686年），置彭州，辖九陇、导江、唐昌、濛阳四县，始有"彭州"之名。

五代时期

今四川历经前蜀、后蜀两个割据政权，其政区设置均承唐制，彭州隶属不变。

宋代

宋朝灭蜀后，州郡混称，彭州称彭州濛阳郡。宋太祖乾德三年（公元965年），行政建制定为路、州、县三级，彭州属西川路。

元代

初因战乱致人口锐减，元朝政府实行"省县入州"，以州代县，于至元二十年（公元1283年）撤销州治所在的九陇县，彭州辖崇宁、濛阳二县，实际辖区不变。

明代

推行府、州、县三级制，彭州属成都府，辖濛阳县。明洪武十年（公元1377年）五月，彭州降为县，同时，废濛阳县为镇，自此彭州以"彭县"为名，一直沿用至1993年撤县设市。

清代

初因连年战乱，人口散亡，彭县于康熙七年（公元1668年）并入新繁，后生产复苏，人口增长，雍正六年（公元1728年）恢复彭县建制。

中华民国时期

民国十八年（1929年），废除道制，实行省直辖县，彭县由省直辖。民国二十四年（1935年），实行"行政督察区制"，四川划为十八个行政督察区，彭县属四川第一行政督察区。

中华人民共和国时期

中华人民共和国成立之后，1949年岁末，中国人民解放军进军大西南，国民党川康将领刘文辉、邓锡侯、潘文华三将军于12月9日在彭州城北龙兴寺通电起义，史称"彭县起义"，宣布服从中共中央领导，当时的彭县政府于3日后响应起义，自此彭县和平解放，迎来了崭新的历史时期。

1950年1月，彭县人民政府成立，经温江专员公署批准，彭县划为5个区，共29乡、2镇。

1983年3月，经国务院批准撤销温江地区行政公署，彭县改属成都市。

1993年11月18日，经国务院批准，撤县设立彭州市。

人文厚土

彭州人文肇早，在三千多年前的西周时期即有彭人在此劳动生息繁衍，是古蜀文明的核心区域。文物古迹众多，多件文物被列入"中国文物精华"名录，并被国家、四川省及成都市多家博物馆收藏。彭州市博物馆馆藏文物5081件（套），其中国家一级文物139件（套）。商周青铜器、秦汉钱币、汉代画像砖、隋唐石刻造像、宋代金银器等，折射出古彭州的璀璨文化。

西周象首耳兽面纹铜罍

数珠菩萨

如意观音

宋菊花金碗

宋葵花形银盏

月神羽人画像砖

山川胜景，物华天宝，独具魅力的人文风情，深深吸引着历代名流。西汉蜀郡守文翁治理湔江，造就了利在千秋的湔江堰水利工程；三国时期蜀汉丞相诸葛亮在这里驻军屯垦、种桑养蚕；唐宋名家王勃、杜甫、高适、陆羽、陆游，明代文学家杨慎（升庵），清代学者李调元、黄云鹄、何绍基等，均留下歌咏彭州的传世佳作。

陆游《天彭牡丹谱》

《元和郡县图志》："以岷山导江，江出山处，两山相对，古谓之天彭门，因取以名州。"

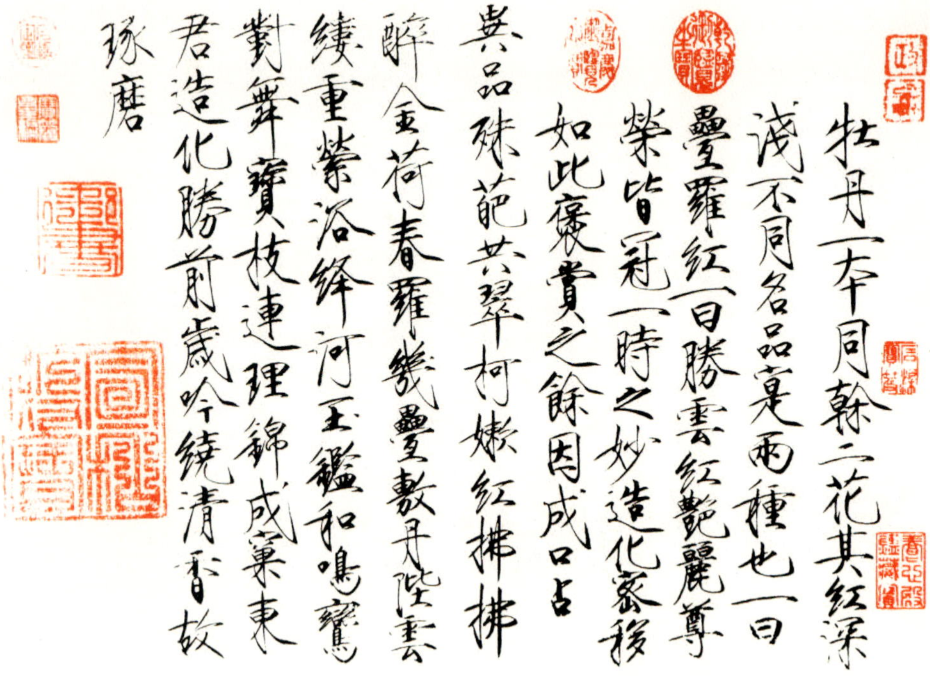

宋徽宗咏天彭牡丹墨迹

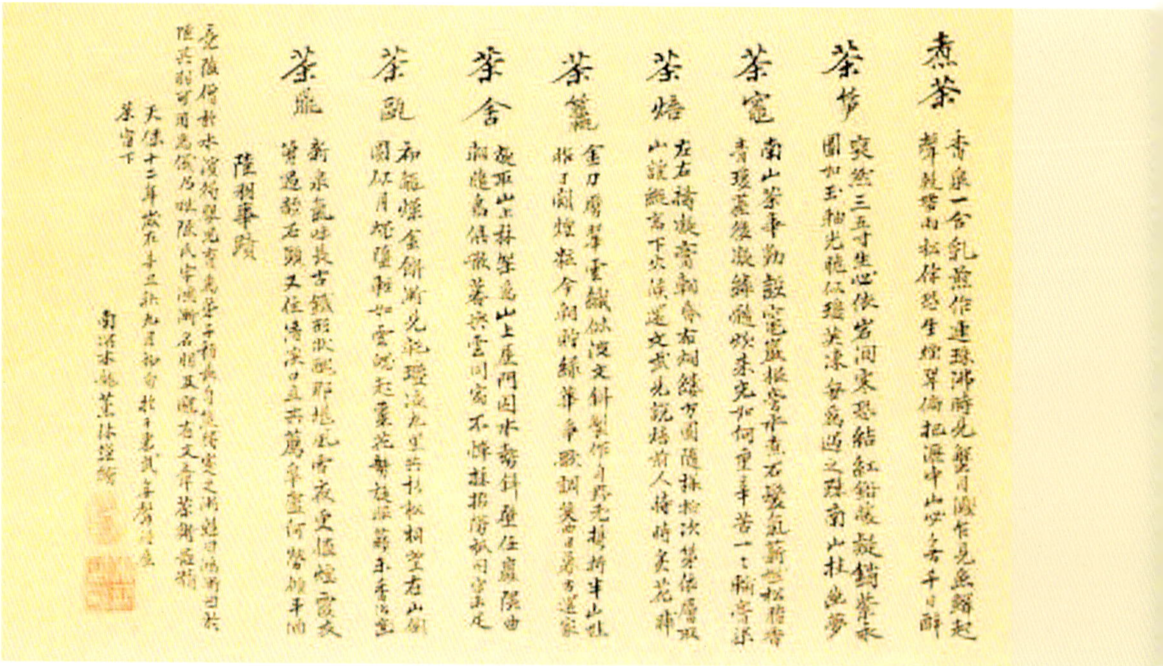

陆羽《茶经》

天帝会昌，育济济英才。彭州在近现代有医术驰名京沪、著作蜚声海外的名医唐宗海，有义杀清朝最后一任四川总督赵尔丰的尹昌衡，有为无产阶级革命事业献身的革命烈士何秉彝、杨石琴、杨达、周志孚、钟辉、谷时逊等，有驰名全国的川剧表演艺术家阳友鹤，有中顾委常委、"老共产党人"李一氓……当代彭州走出了李吉均、曹文宣、朱清时三位中科院院士，以及一批批在祖国各条战线做出卓越贡献的建设者，他们都是彭州人的优秀代表。

李一氓

李吉均

曹文宣

朱清时

膏腴金彭

彭州地跨东经103°40′~104°10′，北纬30°54′~31°26′，属神秘的北纬30°地区。境域北部是群山争拱、风光秀丽的山区，最高点太子城海拔4814米；南部是一马平川、沃野千里的平原，最低点乌鸦堰（濛阳街道境内）海拔489米。整个地势宛如一把巨型浮雕靠背椅，上倾斜而高峻，下平坦而宽阔。特殊的地质构造、4000多米的海拔落差、山丘坝俱全的地形，决定了彭州矿藏丰富、物产丰盈、气候温润、风景绮丽、水土肥美。蕴藏金、银、铜、铁和煤、石灰石、蛇纹石、花岗石等迄今发现的28种矿产资源，天然气探明储量超过1140亿立方米。市境属四川盆地亚热带湿润气候区，年均温度16.4℃，年均降水量867毫米。

太子城

九峰山

白鹿顶

葛仙山

彭州山地整体属龙门山脉南段，分三个支脉，即玉垒山支脉、蓥华山支脉和光光山支脉，在这三大支脉中巍然耸立者比比皆是，有形如擎天柱的避暑胜地白鹿顶，有险峻葱郁的天台山及其典型"飞来峰"，有以牡丹名世、峰峦叠翠的丹景山，有峰如莲萼、溶洞诡谲的葛仙山……

塘坝子飞来峰

大熊猫

红腹锦鸡

红嘴蓝鹊

彭州是四川生物资源富庶地区之一，生物资源丰富多样。境内共有植物2587种，其中不乏珙桐、银杏、红豆杉、四川红杉等国家Ⅰ、Ⅱ级重点保护植物；脊椎动物544种，列入国家Ⅰ、Ⅱ级重点保护野生动物的有大熊猫、金丝猴、云豹、金雕、绿尾虹雉、斑羚等47种。

珙桐

距瓣尾囊草

第一章

党建引航
凝心聚力务实笃行

1993—2023
PENGZHOU

彭州市 "光荣在党50年" 纪念章颁发仪式

　　撤县设市以来，历届市委始终毫不动摇坚持党的领导，团结和带领全市人民，一张蓝图绘到底，一任接着一任干，相继提出建设宽裕型小康市、新兴中等城市、四川省一流强市和力争进入全国百强行列的奋斗目标，按照"工业富市，城建活市""工业强经济，农业稳基础，旅游塑形象，商贸活城市""四二一一"的战略部署，推进"绿色生态之都、千亿产业之城、田园休闲之谷"建设。

　　在党的十八大精神指引下，彭州进入"五位一体"全面深化改革的新阶段。中共彭州市第十四届委员会提出全面实施"一三三六"发展战略，确保高标准全面建成小康社会，努力建设成都北部卫星城，加快建成生态名城、产业强市、幸福彭州的奋斗目标。党的十九大召开后，市委带领全市各级党组织和党员干部群众，践行以人民为中心的发展思想，全面推进高质量发展。中共彭州市第十五届委员会六次全会提出以全面打造立体山水彭派之城为总体定位，重点打造国家级战略保障基地、成德绵现代产业高地、龙门山山水人文胜地、北成都宜业宜居福地和川西北开放门户枢纽的奋斗目标。同时，扎实推进全面从严治党，营造良好政治生态，为彭州各项事业高质量发展提供坚强保证。

全面加强党的建设

坚持党的领导，是历史的必然、人民的选择、长期执政的要求。30年来，市委全面加强党的政治建设、思想建设、组织建设、作风建设和纪律建设，并将制度建设贯穿其中，组织全市各级党员干部深入学习马克思列宁主

2000年12月28日，开展"三个代表"重要思想学习教育活动

义、毛泽东思想、邓小平理论、"三个代表"重要思想、科学发展观和习近平新时代中国特色社会主义思想，深入开展了"三讲""三个代表""科学发展观""党员先进性""群众路线主题教育""三严三实""两学一做""不忘初心、牢记使命"主题教育以及党史学习教育等一系列活动，引导全市党员干部不断树牢"四个意识"，坚定"四个自信"，做到"两个维护"，时刻警醒"四大危险"，不断推进思想解放，进一步纯洁了党员队伍、凝聚了党心民心，全市各级党员干部理想信念更加坚定、党性更加坚强、执行力显著提高。

2009年3月27日，召开深入学习实践科学发展观活动动员会议

2021年4月30日，开展党史学习教育活动——市级领导干部重温入党誓词

2021年6月30日，举行庆祝中国共产党成立100周年文艺汇演暨"两优一先"表彰大会

2021年9月27日，举办庆祝中国共产党成立100周年红色交响合唱音乐会

2023年6月28日，庆祝中国共产党成立102周年主题党日活动中，为"新时代担当作为好支书"颁奖

党风廉政建设

市委始终坚持全面从严治党，着眼于构建党统一指挥、全面覆盖、权威高效的监督体系，特别是党的十八大之后，明确"两个责任"、深化"三转"、落实"三个为主"、完善"四个全覆盖"，深入推进党的纪律检查体制改革、国家监察体制改革和纪检监察派驻机构改革，推动制度优势转化为治理效能，从贯彻落实中央八项规

2018年9月29日，在白鹿音乐小镇举行"阳光问责问廉"坝坝会

定精神开始，坚持无禁区、全覆盖、零容忍，以亮剑精神整肃干部队伍作风，深入贯彻"老虎""苍蝇"一起打，加大基层"微腐败"问题查处力度，持续整治群众身边的腐败和不正之风，严查重点问题、突出重点领域、紧盯重点对象，一体推进不敢腐、不能腐、不想腐，用反腐败的实际成果赢得了广大人民群众的信任和支持，大大提升了党委政府的公信力和号召力。2017年成立市委巡察工作领导小组，巡察机构逐步健全，工作体系不断完善，推进巡察"全覆盖"。

2023年2月2日，召开中国共产党彭州市第十五届纪律检查委员会第三次全体会议

2016年12月，彭州市首个廉洁文化基地"蔬香清韵"建成，先后获评首批"四川省廉洁文化基地""四川省委党校廉洁文化现场教学点""四川省天府好家风阵地"

2021年6月，彭什两地纪检监察机关围绕"彭什川芎现代农业园区"等重大项目推进情况开展政治监督

2023年5月31日，开展"我心中的廉洁地标"评选活动启动仪式

2022年4月1日，召开十五届市委第一、二轮巡察工作动员部署会

2022年7月6日，市委巡察组到村走访谈话

党的组织建设

撤县设市30年来，市委坚持聚焦中心、聚力大局，着力选干部配班子、抓基层打基础、建队伍聚人才，推动各级党组织凝聚力和战斗力不断增强，党员先锋模范作用有效发挥，领导班子和干部队伍结构持续优化，人才创新创业活力充分释放。深化党代会常任制、党代表任期制，深入实施"头雁孵化"工程，常态化整顿软弱涣散党组织，建立形成基层党组织示范创建标准和规范运行体系，在疫情防控、地震救援和防汛抢险等重大任务面前，彰显出党组织强大的号召力、组织力和战斗力，为全市经济社会快速健康发展提供了坚强有力的政治保证和组织保证。截至2022年底，全市党员41203人，其中大专学历以上党员比例41.75%；党组织2207个，其中"两新"党组织507个；全市年轻干部中硕士研究生819名、博士研究生5名，各类人才共计11.9万人；村（社区）全部实现党组织书记、主任"一肩挑"，在小区、院落、楼栋等建立党组织254个。探索深化货车司机群体"五维一体"党建工作新路径的经验入选2022年全国百个两新党建创新案例。

2011年，丹景山镇召开公推直选镇党委书记直接选举大会

2017年，九尺镇鹿鹤村开展村级党组织换届选举

2021年4月29日，开展"党建引领红色物业"活动

2023年5月11日，举行"渝江茶叙"
之彭州市高层次专家人才座谈会

▼ ▶ 2022年5月，全国首个货车司机
"暖心之家"投入使用

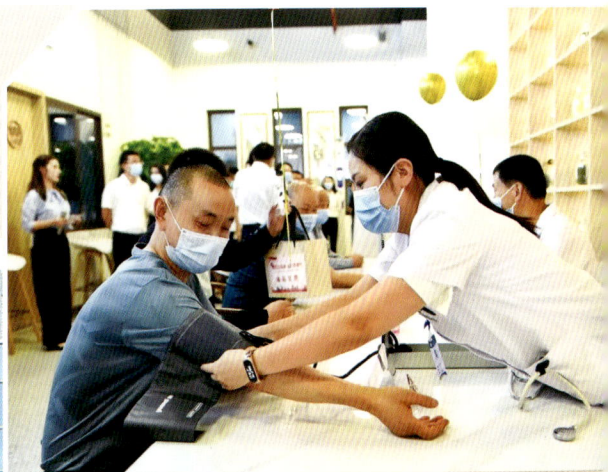

宣传思想工作

市委牢牢把握思想政治建设这一党建工作灵魂，高度重视意识形态工作。30年来，宣传思想战线积极改革创新、开拓进取，在理论武装、思想舆论、价值引领、文化建设等方面打了不少硬仗。着力把握正确的政治方向和舆论导向，党的理论创新全面推进，习近平新时代中国特色社会主义思想深入人心，社会主义核心价值观和中华优秀传统文化广泛弘扬；围绕市委中心工作，掌控舆论主导权，开展系列重大主题和对外宣传，做精做优《品鉴彭州》等媒体平台，广泛传播彭州古蜀立国核心区、全国经济百强县、立体山水公园城的"天府金彭"城市形象；在成功创建省级文明城市的基础上，以创建全国文明城市为目标，创新载体，引领社会思潮，凝聚社会共识；持续推进先进文化建设，丰富群众精神文化生活，增强市民文化自信、自觉。宣传思想工作取得了一系列历史性成就，为推动彭州发展提供了坚实的思想保证、舆论支持、精神动力和文化条件。

2019年9月30日，为庆祝中华人民共和国成立70周年，全市党员干部及群众代表举行升国旗仪式

▲ 2013年11月30日，CCTV-7
《乡村大世界》走进彭州

▲ 2018年2月12日，举行首届
"感动彭州好市民"颁奖典礼

▲ 2012年11月，《品鉴彭州》创刊发行

▲ 2019年4月10日，彭州荣获
"中国曲艺名城"称号

统一战线工作

30年来，彭州市认真贯彻执行党的统一战线方针政策，坚持大团结大联合主题，围绕中心、服务大局，着力构筑大统战工作格局。加强同民主党派、工商联和无党派人士的团结合作，支持民主党派基层组织加强自身建设、履行职能；做好民族、宗教、非公有制经济、港澳台侨、

2019年5月，统战服务中心——同心朴院投入使用

党外代表人士等工作；成立党外知识分子联谊会、新的社会阶层人士联谊会、农业职业经理人联谊会等统战团体；健全联谊交友、党外干部队伍建设、中国特色社会主义参政党地方组织建设等制度，完善情况通报、调查研究、建言献策等机制；充分发挥统一战线"凝聚人心、汇聚力量"作用，集思广益、同心同德建设新时代美丽幸福彭州。编印《彭州统战志》《彭州宗教文化》。2005年在位于龙兴寺藏经楼的"刘、邓、潘"起义旧址内设置展陈，该旧址被省委统战部命名为"四川统一战线中国特色社会主义教育基地"，吸引社会各界前来开展爱国主义教育。2013年在全国率先建立覆盖镇、村（社区）、企事业单位、社会组织和人民团体的基层协商对话平台，荣获"中国地方政府创新优秀实践奖""全国统战工作实践创新成果奖"。2019年在全省率先成立农业职业经理人联谊会。2019年

2022年12月10日，四川党外知识分子共建乡村振兴示范基地在彭建立

打造的彭州市统战服务中心——"同心朴院"为各民主党派基层组织、统战团体提供了规范化标准化办公、联谊、活动平台，先后迎接九三学社中央副主席黄润秋、民革中央副主席张伯军前来调研。2020年建成成都市级新的社会阶层人士实践创新基地。2022年挂牌成立全省第四个"四川党外知识分子共建乡村振兴示范基地"，为广大统一战线助推经济社会高质量发展搭建了新平台。

2016年3月，"刘、邓、潘"起义旧址被省委统战部命名为"四川统一战线中国特色社会主义教育基地"

2021年6月21日，在彭举行"庆祝中国共产党建党100周年全省宗教界学习考察活动"

2023年4月26日，在彭举行成德眉资四地民革组织纪念中共中央发布"五一口号"75周年活动

支持人大履职

新当选市政府市长在人代会上向宪法宣誓

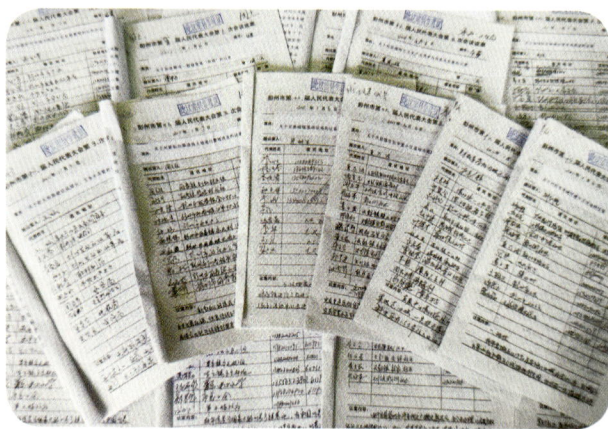

人大代表建议

30年来，在市委的支持和领导下，市人大议事制度和办事机构逐步健全，历届人大常委会坚决贯彻落实市委决策部署，忠实履行宪法法律赋予的各项职权，依法履职水平不断提高。积极探索人事任免新方法，依法行使人事任免权，坚持党管干部原则与人大依法选举任免相统一，顺利完成各届人大及其常委会、"一府一委两院"的历次换届工作，保障了地方国家机关的正常有序运转。灵活运用监督方式，依法行使监督权，通过听取审议、视察、调研、执法检查等多种方式，推进全市民生事项、重点项目建设和经济发展。党的十九大以来，建立"调研—审议—督办—整改—再审议"链条式监督机制和审议意见落实情况反馈制度，以专委联动的形式，对天府中药城、新材料产业园、营商环境建设和扫黑除恶、禁毒、信访维稳等50多个监督议题

市十八届人大常委会召开主任会议调研天府中药城

市人大常委会任命彭州市国家机关工作人员

开展反复跟踪监督，依法开展法律监督和工作监督，督促"一府一委两院"不断创新工作机制，增强了人大监督的权威性。以助推重大决策部署落地落实为重点，依法行使重大事项决定权，每年都围绕预决算、审计工作和全市改革发展稳定的重大问题，认真讨论，依法作出决定。2017年1月中央办公厅印发《关于健全人大讨论决定重大事项制度、各级政府重大决策出台前向本级人大报告的实施意见》后，市人大常委会先后就加强城市规划、经济工作、公益诉讼工作、普法宣传、解决执行难等方面作出决议决定，推动解决事关发展全局和长远的重点问题。30年来，历次人大代表会议上人大代表提出的议案、建议、批评和意见共7600余件，全部得到相关部门的认真办理。

市人大常委会组织视察彭州市住建领域2022年民生实事项目推进情况

发挥政协作用　►

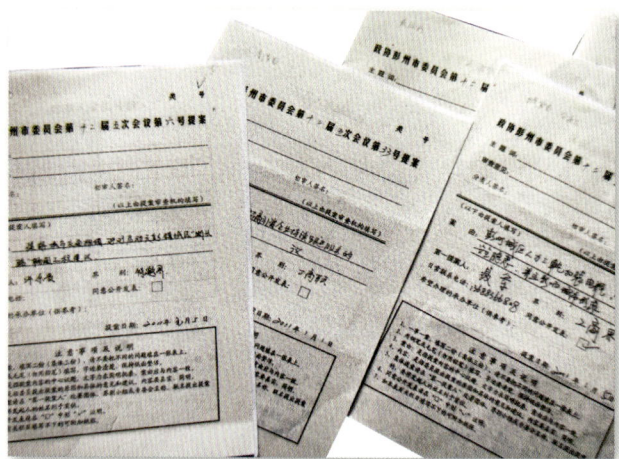

政协委员提案、建议

撤县设市以来，市委高度重视发挥政协组织和政协委员在彭州物质文明、精神文明、政治文明建设中的作用，推进政协工作规范化、制度化建设，建立市委、市政府部门与政协专门委员会对口联系等制度，畅通市委、市政府联系各界人士、听取各方意见的渠道。

2021年12月14日，中国人民政治协商会议彭州市第十五届委员会第一次会议开幕

历届政协围绕市委中心工作和重大决策部署，坚持建言资政和凝聚共识双向发力，充分运用各种会议、委员提案、专题调研、委员视察等形式，参与全市发展大局、民生重要问题的协商讨论和民主监督，坦诚建言，为市委、市政府科学决策提供参考依据；织密协商网络，打破区域界限，将政协委员下沉到"有事来协商"工作联络组，以"联络组+议事室+议事点"模式推进政协委员履职在一线，助推群众操心事烦心事得到有效解决；加强宣传扩大共识，以信息化建设为抓手，优化门户网站栏目设置，打造数字政协云平台，开设《政协视窗》《委员视角》电视专栏，开通微信公众号"彭州政协同心行"，打造全媒体宣传矩阵，政协宣传思想工作的传播力、影响力、感染力不断增强。30年间，政协委员提出提案5600余件，立案并交由市委、市政府有关部门办理的4800余件，办结率100%。

2022年民主评议市经科信局

"有事来协商"工作现场会

市政协常委调研金堂淮州新城

第二章

工业腾飞

制造强市冲进百强

1993—2023
PENGZHOU

　　历届市委、市政府坚持以工业为兴市、富市、强市之本，大力推进招商引资，深化企业体制改革，持之以恒抓平台建设，工业主导带动作用日益增强。30年来，彭州工业经历了从乡镇企业蓬勃发展的工业布局，到设立省级"彭州工业开发区"推进工业向园区集中发展的工业布局，发展到现在以产业建圈强链推动"产城融合"的工业布局，工业发展的集中度不断提高，"人城境业"融合度持续提升，产业结构深刻调整，现代工业体系加速构建。到2022年，彭州形成了新材料及绿色低碳、医药健康、航空动力装备及增材制造三大产业集群，发展成为成都的新材料、生态环保、创新药、高端诊疗产业主要承载地，新能源、高端医疗器械产业协同发展地，全市实现工业增加值327.42亿元，比1992年增长41倍，上榜全国县域经济百强县。

工业快速发展

中共彭县县委文件

彭委发〔1992〕35号

中共彭县县委   彭县人民政府
关于加快开发彭州工业区的决定

为贯彻落实中共中央中发〔1992〕2号、川委办〔1992〕25号、市委营委会议纪要〔1992〕12号文件精神，抓住当前有利时机，加快改革开放步伐，尽快把彭县经济建设推向新台阶，充分利用县城的优势地位，现决定在县城附近设立"彭州工业开发区"（彭县经济特区），新设的工业区3—5平方公里，预计总投资8—10亿元。

在工业区内，将实施优惠政策和奖励政策，实行特事特办有力措施，吸引设备先进、效益高、占地少、污染小的工业企业、乡镇企业、"三资"企业、"三废"调整迁建企业、成都市搬散扩展外迁建企业、出口创汇企业；鼓励支持高等院校、科研院所、大中型企业

—1—

1992年，县委、县政府联合发文决定加快开发彭州工业区

20世纪90年代，是彭州经济快速发展期。撤县设市后，彭州借邓小平同志南方讲话精神的东风，紧抓省委、省政府关于"发展县经济，先抓一条线"战略决策机遇，工业经济在结构调整、增长方式转变中稳定发展，形成了以医药、能源、化工、建材为支柱的发展格局，1995—1998年连续四年被授予四川省县级经济综合评价"十强县"。这一时期，非国有经济异军突起，乡镇企业实现了超常规发展。彭州市重视产业发展载体建设，早在1992年就开始建设彭州工业开发区，并于1998年获批四川省级工业开发区。

彭县水泥厂

国营天府仪表厂

天星照明公司

彭县氮肥厂

双虎家私

中顺纸业

首期投资1.3亿元的华岐钢管有限公司于
2003年5月18日竣工投产

亚东水泥厂

进入21世纪，彭州在"十五"时期
（2001—2005）大力实施"工业富市"发
展战略，对外加大招商引资力度，对内狠
抓企业改革和资产重组，老企业解体停产
或破产、改制、重组，外资、外来投资企
业增多，民营企业逐步壮大。其间，外来
投资兴办的企业有台湾亚东水泥厂、香港
联邦制药、四川制药、华岐钢管厂、华融
化工、广东中顺纸业等。

联邦制药

2006—2011年，作为国家实施重要能源战略布局和西部大开发战略标志性项目的四川石化项目落户彭州并开工建设，彭州以发展石化产业为支撑，着力加快"三个集中"，实施"工业强经济"发展战略，规划并推进了现代石化、家纺服装、湔江河谷、现代农业及农产品物流四个产业功能区建设，推动区外优势企业调迁到园区集中发展，全面退出了煤炭、小水泥、小石灰窑、砂石等资源性行业。这一时期，在党中央的坚强领导下，彭州战胜了"5·12"汶川特大地震灾害，全面启动灾后重建，实现了经济社会的恢复发展。

2006年2月28日，中石油四川80万吨/年乙烯工程项目奠基

关闭砖厂

关闭小煤矿

2011年11月9日，关闭最后一批14家砂石企业

▲ 成都万贯服装产业园

▲ 水星家纺

▲ 2012新丝路·CCTV网络模特大赛

▲ 2013年成都时装周服装展示

工业转型升级

　　党的十八大后，彭州市坚决贯彻落实"创新、协调、绿色、开放、共享"五大发展新理念，统筹推进"五位一体"总体布局和协调推进"四个全面"战略布局。2012—2016年，彭州市着力创新驱动，以新型工业化、新型城镇化互动发展为重点，深入实施"四二一一"发展战略，推进产业转型升级，现代石化、航空动力、生物医药、家纺服装成为主导产业。这一时期，举全市之力，以对历史、对城市、对市民高度负责的态度，多方筹资68亿元，完成石化基地6.4平方公里及20平方公里卫生防护区的搬迁，安置农民8275户、30232人，全面完成地方配套和政府承诺事项，建成新中国成立以来四川省单个投资最大的工业项目，同时以壮士断腕的勇气淘汰落后产能，累计关闭污染型、资源型、高耗能企业近600户。先后荣获中国家纺名城、中国休闲服装名城、四川省县域经济发展先进县等称号，获批国家机电产品再制造产业集聚区和四川省军民融合特色产业基地。2022年3月，本土企业华融化学上市。

彭州鑫和青年（大学生）创业园

2018年11月23日，"四川省增材制造孵化基地"正式成立

▲ 2006年12月27日，成都华融化工有限公司研发中心项目奠基

▲ 2022年3月22日，华融化学敲钟上市

2014年11月，四川石化建成投产

产业园区建设

2017年以来，彭州以建设践行新发展理念的立体山水公园城市为统揽，实施产业能级提升工程，科学谋划布局"3+2"产业园区（成都新材料产业功能区、天府中药城、龙门山湔江河谷生态旅游区；天府蔬香现代农业产业园、彭州航空动力特色小镇），全面发力"五大产业门类"，以建圈强链变革产业发展方式，坚定发展先进制造业，推动"工业大市"加速向"制造强市"转变，荣获四川省县域经济发展强市、新时代十年成都制造业发展先进单位等称号。

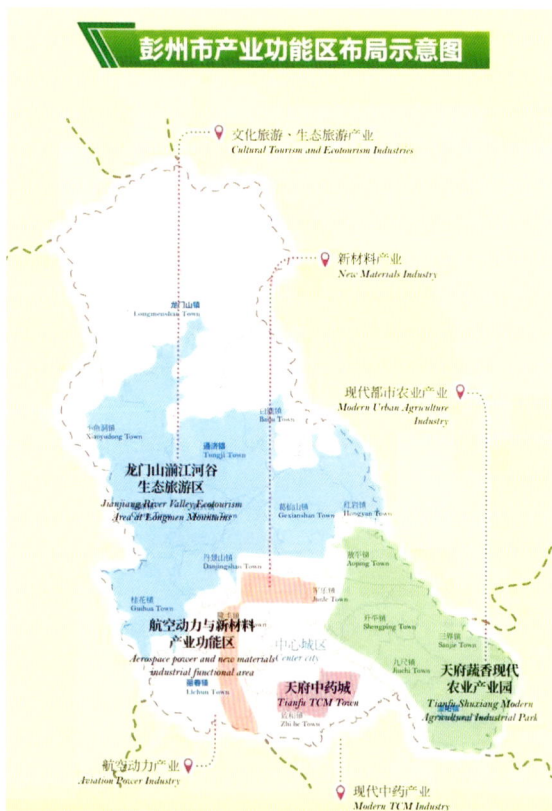

彭州市产业功能区布局示意图

2022年11月18日，彭州市荣获新时代十年成都制造业发展先进单位称号，彭州市中国石油四川石化有限责任公司、国营川西机器厂（5719厂）、四川新绿色药业科技发展有限公司获评新时代十年成都制造业发展优秀企业

成都市产业建圈强链招商引资重大项目集中签约仪式（第二季）

福能精密	盛路通信	砺剑集团	成都生物研究所	优必选	华氏医药
龙泉驿区人民政府	成华区人民政府	武侯区人民政府	锦江区人民政府	成都东部新区管委会	彭州市人民政府

2022年7月7日，彭州市参加成都市产业建圈强链招商引资重大项目集中签约仪式

成都新材料产业功能区（成都新材料产业化工园区）

成都新材料产业功能区（以下简称园区）面积7.56平方公里，是成都市唯一的省级化工园区。园区是四川省万亿级能源化工和成都市新型材料产业的核心承载区，先后获批首批"四川省院士（专家）产业园""四川省新型工业化产业示范基地"，连续2年（2021—2022年）获评"中国化工园区潜力10强"等荣誉称号。重点发展石油化工、化工新材料、高端精细化学品、氢能四大产业，为四川及西南地区电子信息、汽车与航空、生物医药、新能源等产业提供电子化学品、高性能工程塑料、锂电关键材料、氢源等新材料，助力成都打造"绿氢之都"，四川省"建设具有世界影响力的动力电池产业基地"。提升西南地区产业链原材料和关键材料本地配套率与产业链供应链的安全性和韧性。2022年实现规上产值636.84亿元，同比增长24.7%；实现税收111.4亿元，同比增长11.11%。

荣誉证书

成都新材料产业功能区：

荣获 2021 化工潜力园区十强

特发此证，以兹鼓励。

中国石油和化学工业联合会
化工园区工作委员会

成都新材料产业功能区获评"2021年中国化工园区潜力10强"

四川奥克化学有限公司

2021年7月，大连理工大学成都研究院揭幕仪式

新材料产业功能区创新中心

2021年，天府中药城被确定为成都市中医药传承创新发展主承载区

天府中药城（彭州工业开发区）

　　始建于1992年，1998年批准为省级开发区，2019年正式确定为天府中药城，规划面积37.8平方公里，是成都唯一精准定位于发展中医药的产业功能区，重点发展医药研发、医药制造、医药贸易流通、大健康衍生品四大产业。至2022年，聚集四川新绿色药业、成都第一制药、丽珠光大制药、康弘济生堂等医药健康企业198家，有年销售过亿元中药单品9个，拥有税收过亿元企业5家。功能区内国际医药港规划面积1120亩，入驻本草堂、龙一等医药流通企业30余家；建设2.27平方公里幸福科技园，吸引成都中医药大学天府创新港、中医香疗大健康产业研究院等8个科研平台项目入驻。2022年，医药行业规模以上工业企业实现总产值90.23亿元，中医药规上工业产值稳居全省前列。

中医药博物馆

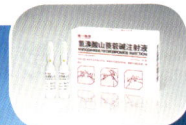

成一制药

四川新绿色药业

康弘济生堂

丽珠光大制药

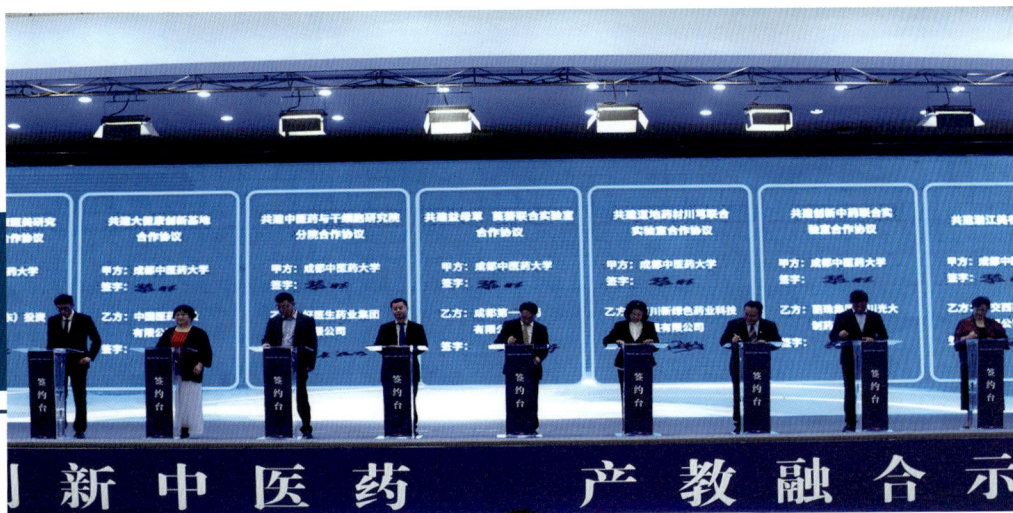

2021年4月26日，全国第三个中医药产教融合示范城项目落户天府中药城

第三章

双核共兴
宜业宜居彰显活力

1993—2023
PENGZHOU

　　历届市委、市政府把城市建设放在优先发展地位，扎实推进"以人为核心"的城市化进程。从20世纪90年代在成都市县（市）一级率先启动旧城改造以来，城市框架逐步拉开，城市基础设施建设不断完善，城市品位迅速提升，人居环境大幅改善。天彭主城区形成了老城区、牡丹新城、南部新城组团发展的城市建设格局；以打造成都市小城市为目标规划建设的濛阳新城作为成都国际陆港彭州片区入选成都市"三个做优做强"首批重点片区，按照"一港四片"空间布局，与成都国际陆港青白江片区形成联动发展格局。彭州正以加快建设濛阳新城、优化更新天彭主城的"双核共兴"强市战略，奋力打造宜居宜业的成都高品质卫星城。

天彭主城区

市政道路建设

撤县设市以来，彭州大力推进城市东扩南拓，基础设施建设取得突破性进展。1994年，老城区东西南北四条主街改造完成，吹响城市扩展冲锋号。2003年，建成长1.09公里、宽70米的金彭大道延伸段，成为牡丹新城的第一条新型街道。2005年，建成牡丹大道、牡丹大道北段、安仁东街、天府西路东段等19条城市道路。

2010年，金彭大道改造施工现场

2010年10月1日，金彭大道建成通车

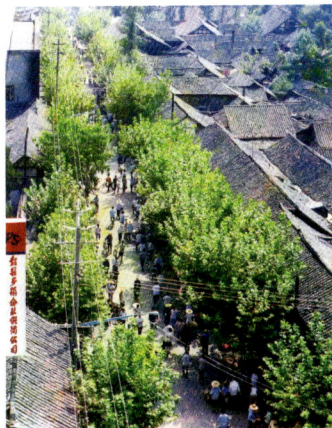
东大街

西大街

南大街

北大街

铧炉街

桂花街

延秀街

截至2022年，累计建成城区道路402条。城市道路的快速发展适应了汽车时代的到来，形成了以方格路网为基础的城市道路网系统，特别是高标准建成六主四辅双绿道、长25.2公里的全省首条县级城市三环路，不仅为形成"内外三层"通勤城市道路交通主骨架奠定基础，更是成为彭州从县城向城市转型的形象封面和时代音符。1992—2022年，由老城区、牡丹新城、南部新城组团发展的天彭主城区，城区市政道路总长从20.55公里增加到221.2公里，建成区面积从10平方公里拓展到29.29平方公里。

协和大道

金彭东路

天府西路

天彭大道高速路口

牡丹大道

2023年6月22日，全省首条六主四辅双绿道县级城市三环路建成通车

住房建设

1993年撤县设市以来，彭州市房地产开发建设经历从无到有、从小到大，由老城区开发，发展形成了牡丹新城、南部新城、濛阳新城和龙门山片区的开发局面。2000年1月全市首次举办房地产交易会，2000—2002年采取"腾笼换鸟"方式出让市政府、市公安局、市检察院等办公区国有土地使用权引进"纽约新城""金贸商城"等房地产开发项目，2004—2005年城市花园、天泰花园、柳河花园等一批房地产项目交付使用，2006年"逸都·丹郡"项目在牡丹新城率先开建，彭州进入商品房快速发展时代。

2000年10月，彭州市举办第二届房地产交易会，总成交额6000余万元

原彭州市公安局、市检察院办公区土地使用权出让，建成商住区"纽约新城"

现代住宅小区——江城九里

30年来，共建成住宅小区144个，房地产固定资产投资从每年几亿元发展到每年50亿元，人均住宅面积从1992年的20平方米增至2022年的40平方米，住宅结构从单纯的平面设计走向三维空间设计，住宅形态从单一封闭式住宅小区朝着园林景观、消费多元、服务完备的城市综合体方向发展，综合配套不断完善，宜居宜业环境极大改善。

保障性住房分配现场

保障性住房家庭现场抽签

　　彭州从1998年将建设保障性住房列入为民办实事项目，相继建成安居苑等经济适用住房666套，解决住房困难家庭666户。修建百货公司、草坝火电厂、跃进煤矿、中和厂等搬迁、改制企业职工住房千余套。建成顾繁新居、丽景小区、技师学院一期等安置小区，2016年创新实施征地搬迁以购代建"房票"安置模式，有力有效解决搬迁群众安置问题。大力实施人才安居工程，建成公共租赁房（含人才公寓）3572套。

2021年，龙锦B安置房项目建成入住

城市有机更新

　　撤县设市为彭州城市有机更新带来巨大动力，1995年，全市拆除包含东西南北四条主街在内80多个地段100万平方米的危旧破房，建成以彭州大世界、彭州娱乐城、九峰宾馆、电视大楼、邮电大楼、金融大厦等为代表的城市新建筑。此后相继对延秀街、外西街等10条街道实施改造，至2005年底，旧城改造拆迁旧房500万平方米。2011年，旧城低洼棚户区改造工作坚实起步，先后完成铧炉街等9个城中村棚户区改造和柳河沿线综合整治，改造144个老旧院落、9个老旧市场，打通西海北路等10条城市断头路，提升牡丹大道、滨河路等城市道路品质，从2011年启动历经12年的龙兴寺片区改造项目即将全面建成。

2005年9月28日，龙兴舍利宝塔重建完成

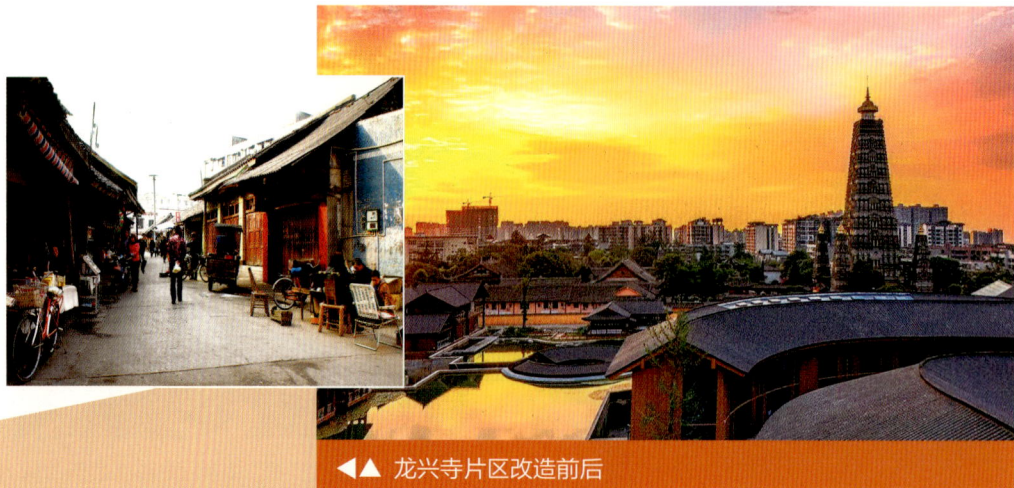

▲▲ 龙兴寺片区改造前后

◀▲ 安仁东街改造前后

老旧小区加装电梯 ▲▶

◀▲ 滨河路改造前后

濛阳新城

濛阳新城是濛阳镇（现濛阳街道）依托四川国际农产品交易中心项目优先启动发展的区域，2010年确立濛阳新城建设并启动规划编制，2013年"北城·世纪公园"项目的规划建设全面拉开濛阳新城建设帷幕，2022年濛阳新城作为成都国际陆港彭州片区入选成都市"三个做优做强"首批实施的24个重点片区之一。片区规划面积10.48平方公里，按照"一港四片"空间布局，着力打造国际农副产品及食品专业物流港、城市商业智慧云区、临港商贸服务区、临港农副产品及食品加工商贸物流区、高品质生活示范区，与成都国际陆港青白江片区形成联动发展格局。总投资620亿元的濛阳之心CAZ等18个示范片区重大项目落地开建，2023年3月30日，成德市域铁路S11线项目启动建设，国际陆港新兴城市正加快成型成势。

彭州市嘉祥外国语学校

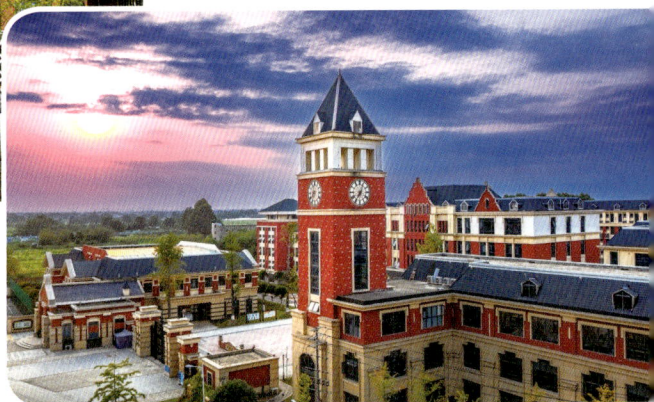

彭州市宏德学校

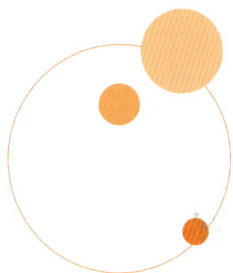

▲ C+艺术天桥

◀ 濛阳新城在建综合开发
项目——城市会客厅

城市管理

　　30年来，彭州城市结构由简到繁，城市管理也经历了从粗放到精细、从经验管理到科学管理的过程。1998年3月始建城市综合管理指挥部办公室（简称"城管办"），2001年10月组建市容环境管理局（城市管理局），2015年更名为城乡管理局，2019年2月与综合行政执法局合并为两块牌子一套班子。通过强化城市管理长效机制，实施数字化城市管理，提升城市管理常态化、精细化水平。深入推进城乡环境综合整治"四改六治理""两拆一增"工作，有力改善城市环境品质。经过多年努力，彭州的城市管理取得卓越成效，牡丹大道北二段、丹景山镇花村街、白鹿镇莫雷街等10条街道获评成都市"最美街道"，彭州获得国家卫生城市、四川省文明城市等一系列荣誉称号。

城乡环境综合整治

2003年，城管新式电瓶巡逻车投入使用

2015年9月1日，彭州市在全国率先成立综合行政执法局

数字化城市管理

成都市"最美街道"——体育场西街

成都市"最美街道"——莫雷街

成都市"最美街道"——牡丹大道

2005年，成立城镇管理执法中队，将市容管理延伸到镇。2007年，全面推进农村生活垃圾集中收运处置。2009年，垃圾卫生填埋场和垃圾压缩中转站建成，城乡环境综合整治纵深推进。2018年，成都隆丰环保发电厂建成投运，在成都全域率先实现生活垃圾"零填埋"。2020年，彭州市第二生活垃圾压缩中转站建成，完成550处城乡生活垃圾分类收集点新（改）建工作，实现生活垃圾无害化处理率100%。

2007年，生活垃圾卫生填埋处理示范项目开工建设

彭州市生活垃圾转运站

生活垃圾分类投放点

2018年12月，成都隆丰环保发电厂正式点火并启动试运行

便民饮水点

生态智能公厕

公共服务配套设施不断完善。城镇公厕覆盖更广，累计建成环卫公厕226座，其中100余座环卫公厕实现热水洗手设施配备。整合利用闲置资源，建成南河东街、绣城路、贤清北路等10个便民农贸市场和北大街、木子里、北塔绣城等10个停车场，增加摊位800余个、停车位1.5万余个，有效缓解市民"买菜难""停车难"问题。建成便民饮水点25处，每日服务近2万人次。

2019年3月，彭州路面首座立体停车设施投入使用

公共停车场——新能源充电桩

公用设施

供电保障

撤县设市之初，全市水电、火电并举，红石桥、凤鸣桥等水电站和关口、草坝等火电厂相继投入运营，总装机容量居全国县级之首。30年中，全市供电范围不断增大。

1998年的彭州供电局用电营业大厅

2002年，农村电网二期改造工程全面完成；2003年，全市城乡居民生活用电实现同网同价；2007年，实现"户户通电"。30年来，彭州大力加强输变电工程建设，现有500千伏变电站1座、220千伏变电站3座、110千伏变电站10座、35千伏变电站14座，总变电容量224.94万千伏安，城市电网和农村电网综合供电可靠率99.99%。全市共有供电公司2户，有水电站35座、隆丰环保发电厂1座、公共充电站74座、充电桩614个。2022年，全市电力消费总量为53.99亿千瓦时。

▲ 彭县白水河电站
▶ 110千伏濛阳变电站

供气保障

1993年，全市铺设的天然气管道不足80公里，天然气普及率较低，相当部分市民使用蜂窝煤等作为燃料。经过30年的发展，全市共有CNG加气站4座、液化石油气公司2户，有管道燃气企业4家，天然气门站12座，除直供气管网外的天然气管网3000公里，设计供气能力3.5亿立方米每年，城市燃气普及率100%，非居气价位列成都市郊区新城第八。年产天然气17亿立方米的川西气田项目已部分投产。2022年，彭州全域天然气用气总量为10.2亿立方米，是1992年用气总量713万立方米的143倍。

检查小区燃气安全

检查服务业燃气安全

川西气田

供水保障

　　1993年，城区供水水源为地下水，日供水能力1.5万吨。1995年，建成第二自来水厂，取水湔江堰西河水库，日供水能力4.5万吨。2009—2010年，实施供排水类灾后重建项目（含福建援建水厂），建成镇级自来水厂（站）10座、无塔供水器27台，配套建设供水主管网656.6公里，解决了33.8万名市民安全饮水问题。2013年12月，自来水厂二期续建工程投入运行，取水凤鸣湖，日供水能力提高到18万吨。2016年组建北控彭州自来水公司，全市供水设施主要由其负责运行管理，目前日供水最大产能达到30万吨，出厂水质合格率100%。2022年7月，总投资约18.67亿元的彭州市农村供水PPP项目开工建设，项目建成后，农村自来水普及率将提高至95%以上。

1999年，自来水厂二期工程投入使用　　2002年，基本实现村村通自来水　　小鱼洞自来水厂

2022年7月28日，农村供水PPP项目举行开工仪式

彭州市饮用水水源——凤鸣湖

现代服务业

　　30年来，随着城市建设的拓展和满足市民消费需求增长的需要，传统商贸向新型业态迅猛发展，彭州服务业保持较快增长，服务业总量不断扩大、城乡消费体系日趋完善。1992年全市服务业实现增加值4.46亿元，至2022年增至212.62亿元，是1992年的48倍。三次产业结构由1992年的27.9：49.4：22.7调整到2022年的10.5：56.2：33.3。以信息传输、互联网+、现代物流、金融为代表的现代服务业快速发展，服务业对经济增长的贡献日益突出。

商贸流通

1993年停发粮票、油票，粮油商品实现市场调控，计划经济全面转向市场经济，这是划时代的转变。在时代背景下，彭州商贸服务业也发生了深刻的变化，20世纪90年代中期形成以天彭镇为中心、各场镇为依托、个体私营和股份制商贸企业为主体的新格局，出现了茶楼酒吧、歌厅舞厅等休闲服务业，美容美发、保洁干洗等生活服务业，广告咨询、房介婚介等信息类服务业，仿古街、彭州大世界、彭州娱乐城等商贸热场应运而生，皆具鲜明的时代特征。

1999年，举办"庆回归、跨世纪"物资交流会

天彭贸易市场

计划经济时期使用的粮油票

彭州娱乐城

彭州凯兴商场

2003年9月25日，牡丹旧货交易市场开业

2003年，在原市委办公区兴建的天一广场投入使用

在原市政府办公区域兴建的泰和中心商城投入使用

进入21世纪，随着城市建设的拓展，新型业态不断涌现，现代商业呈现多元化发展盛景。沃尔玛、永辉、百伦新宸、红旗连锁等知名零售企业扎根彭州，雅阁、牡丹云锦等高品质酒店和置信逸都城、航利广场等商业综合体建成投运。快递物流异军突起，农村电商与邮政快递线上线下协同发展，2021年彭州市入选四川省县乡村三级物流体系建设重点县。龙兴寺片区、牡丹新城、南部新城三大城市商圈成型成势，城乡居民就近享受高品质消费。1992年全市社会消费品零售总额4.88亿元，2022年增至127.52亿元，是1992年的26倍。

望蜀里特色商业街区

航利广场开业

南部新城邻里优选超市

白鹿音乐旅游片区入选国家级夜间文化和旅游消费集聚区

通信事业

　　1993年，全市的电话机总数4062部，无线电传呼机（BB机）638只，移动电话（"大哥大"）184部。1995年初，A网900兆移动通信投入运营，入网费大幅下降，"大哥大"改称为手机，1996年开通数字移动通信。1997年9月启动"村村通电话工程"，彭州通信事业快速发展。1998年建成全省第一个县级国际因特网（Internet）"绣蜀彭州"站，移动电话用户群体迅猛增加，移动通信不再是少数人的"专利"。至2022年末，全市13个镇（街道）全部实现光纤通达，建成"光网城市"。随着光纤网络大提速，主城区及重点乡镇（街道）实现"双千兆"网络；宽带用户数37.7万户，家庭宽带平均接入带宽达100兆；移动电话用户数103万户，通信基站数4569个，4G网络覆盖率99%，开通5G基站1047个，彭州已全面开启互联网+新时代。

▶ 1998年，全市实现村村通电话

▼ 1998年10月11日，邮政、电信正式分营，彭州市电信局成立

◀ 1998年建成全省首个县级国际因特网"绣蜀彭州"站

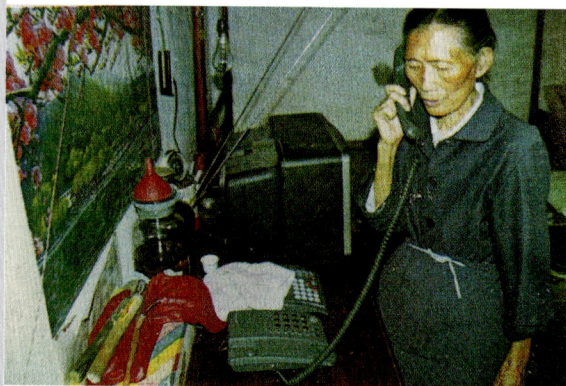

5G固定基站

经度：103.893476
纬度：31.061051
地址：四川省成都市彭州市纬二路(西段)1258号四川欧新石化设备有限公司
时间：2023-07-06 11:03:31
海拔：655.5米
天气：☁ 29～33℃ 东北风
备注：彭州石化基地应急保障

5G移动基站

2021年9月，网红主播线上销售彭州九尺板鸭50万只

通信工具的变化

金融业

1993年以来，彭州金融业不断发展壮大，形成以银行业金融机构、保险机构、证券机构和地方金融组织共同发展、良性竞争的金融体系，全市共有各类银行业金融机构11家、保险公司48家、小额贷款公司3家、融资性担保公司1家、证券营业部2家、农村资金互助社1家，银行业金融机构网点遍布全市各镇（街道）。2022年末，全市银行业金融机构各项贷款余额599.9亿元，是1992年的86倍；存款余额897.4亿元，是1992年的168倍。现代金融创出特色，在全国率先试点蔬菜和生猪价格指数保险，农村金融改革获得国务院高度肯定；宝山村获评全省首个"数字人民币助力乡村振兴示范村"；推动建立乡村振兴农业产业发展贷款风险基金，创新构建"2+5+N""蓉易贷"推广模式，"农贷通"平台累计发布金融产品79个，发放贷款60.5亿元。

2022年6月2日，举行金融服务乡村振兴产品发布会

2022年1月20日，在"蓉易贷"融资对接会上，为乡村振兴重大项目授信

▲ 2021年9月30日，举办"首批数字人民币示范场景授牌仪式"

▲ 2022年1月，宝山村获评全省首个"数字人民币助力乡村振兴示范村"

2023年2月9日，成都农村金融下乡活动在彭启动

第四章

城乡融合
绿色生态大美彭州

1993—2023
PENGZHOU

绿水青山 就是金山银山

　　30年来，历届市委、市政府持之以恒推进人居环境建设，坚持城乡全域协同发展，先后实施新型城镇化、新农村建设战略，推进城乡一体化。党的十八大以来，坚定践行"两山"理念、"双碳"战略，以"三新一高"为总遵循，大力实施乡村振兴战略，构建"1125N"城乡融合发展的立体山水公园城市空间体系，推动全面绿色转型，促进城乡深度融合。"一廊三境十三景"公园城市示范片区建设凸显彭州大美形态，蓝天、绿水、青山成为彭州最鲜明的底色，一座践行新发展理念的"六山拱卫、湔水九分、蜀源沃野、林泉蔬香"立体山水公园城市正加快崛起在成都北部的龙门雪山之下。

绿色发展

绿色低碳转型

加大落后产能淘汰力度，有序退出资源型行业，加快产业转型培育。自2006年开始，彭州用五年时间全面退出了煤炭、小水泥、小石灰窑、砂石等资源型行业。党的十八大以来，生态文明建设正式列入"五位一体"总体布局，市委、市政府坚决贯彻落实中央要求，以壮士断腕的决心和勇气，先后关闭污染型、资源型、高耗能企业近600户，关闭（退出）小水电25座，清理整治散乱污工业企业1220家，单位GDP能耗持续下降，清洁能源占比提升至37%，高标准建设国家级生态观测站。目前，彭州依托锂电关键材料部分原料全省唯一供应源的突出优势，积极抢占绿色低碳新兴赛道，"一中心一联盟两基地多场景"氢能产业布局的"成都氢谷"扬帆起航。

2007年12月，关闭小水泥厂（彭州）爆破现场

2011年3月29日，召开砂石行业治理整顿工作会

2022年9月30日，成都氢谷发布会在彭举行

石化湿地公园

生态屏障建设

1999年，彭州市被列为全省首批退耕还林试点县，开启了大规模的退耕还林、绿化造林、封山育林活动。此后，围绕石化项目启动了20平方公里的卫生防护林建设，以啃"硬骨头"的魄力担当，实施龙门山风景名胜区违建整治攻坚战，拆除违建农房20万平方米，加强龙门山生态涵养区生态修复。科学划定并严格落实"三

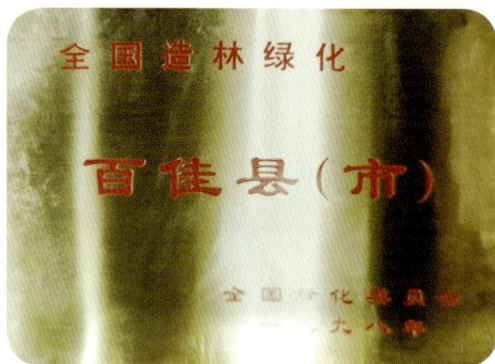

1998年，彭州获全国造林绿化百佳县（市）

区三线"，实施莲花湖生态治水工程，打造石化基地湿地公园、马牧河湿地公园和土溪河生态湿地长廊，严格强化河渠源头、水源涵养区和地下水资源生态保护，构建了以"山、水、田、林、湖"为主体的全域自然生态系统。建立防灭火"五级责任体系"和森林防火预警检测支撑系统，有效管护天然林面积56万余亩，巩固退耕还林成果7.5万亩，连续35年无较大森林火灾发生。全市森林覆盖率42.71%，国家级生态镇全域覆盖，白水河森林公园获得四川省首批国家级森林氧吧称号。

森林防火培训

▲ 桂花镇莲花湖

▼ 西河水库

龙门山生态涵养区

环境质量改善

　　党的十八大以来，彭州市坚持铁腕治霾、重拳治水、科学治土，以最严厉的举措加强生态修复和环境治理。在全省率先试点建设臭氧污染精准溯源监管体系，全面治理大气污染源。2020年以来，连续两年空气质量优良天数300天以上，较实施新标准的2016年增加110天，$PM_{2.5}$年均浓度下降46.3个百分点，达到国家二级标准。

督导环保检测机构开展尾气检测工作

彭州市臭氧污染精准溯源与动态管控系统

全面推行河长制

污水处理厂

清澈的土溪河水

　　2017年，全面实施河长制，推动生产、生活、生态用水"三水共治"，城镇生活污水处理厂建设运营全覆盖，城市污水处理率均达95%，2017年以来集中式饮用水水源水质100%稳定达标，2020年3个地表水环境质量考核断面首次实现全面达标。建立土壤环境监测网络，严控新增土壤污染，全面关闭禁养区内畜禽养殖场，全市工业固体废物安全处置率、城镇及农村垃圾无害化处理率、危废及医疗废物安全处置率均达到100%。

公园场景营造

彭州市坚持把生态价值融入公园城市建设，强化"公园+"场景营造与植入，加快打造大熊猫国家公园彭州片区、官渠郊野公园、金彭湖公园、彭州园、体育公园、汇通湖生态湿地公园等13个展现彭州特色的主题公园及多个城市公园，每个村（社区）布局5个以上小游园、微绿地。

汇通湖生态湿地公园

彭州园改造前后

官田坝河边公园

五通桥小游园

体育公园

葛仙山绿道

着力理水营城，整合"两江十河十一库"资源，建成隆丰连心泉、敖平芦茅泉等泉水景观，丰富"水润天府"生态画卷中的彭州色彩。累计建成317公里生态绿道，持续推进规划总长度约990公里的官渠、湔江、泉水三大绿道体系建设，以绿道串联特色镇村、农业园区、川西林盘，推进全域绿道"结网成链"。

官渠绿道

湔江绿道

泉水绿道

晨曦中的官渠郊野公园

乡村振兴

30年来，历届市委、市政府坚持强化农业基础地位，积极抢抓西部大开发、新农村建设、统筹城乡综合配套改革、全面建成小康社会等战略机遇，以农业供给侧结构性改革为主线，推进"三农"工作。党的十九大后，彭州市坚定把实施乡村振兴战略作为新时代做好"三农"工作的总抓手，推动一、三产业融合和农业全链发展，高起点布局都市现代农业，高品质打造宜居宜业和美乡村，促进农民农村共同富裕。农村居民人均可支配收入从915元增长到30006元，城乡居民收入比持续呈下降趋势，成为中国率先全面建成小康社会优秀城市、四川省乡村振兴先进市。

2009年9月，首届中国农民论坛在龙门山镇宝山村举办

濛阳街道畔水青江小区

农业转型发展

彭州作为农业大县，传统农业有着厚实的基础。1993年后，彭州市以"稳粮增收奔小康"统揽整个农村工作，推进农业综合开发，推广套间轮作、旱育秧、抛秧等现代农业技术，粮食单产、总产连创新高，建立了小麦商品粮、彭州柚、蔬菜、"三木"药材等13个商品生产基地，全市基本形成"一乡一业、一村一品"的区域经济发展格局。1998年，被省委、省政府命名为小康县（市），成为全省首批达到小康的16个县（市）区之一。

20世纪90年代人工插秧

机械化插秧

彭州大地菜

"人民日报"报道彭州蔬菜

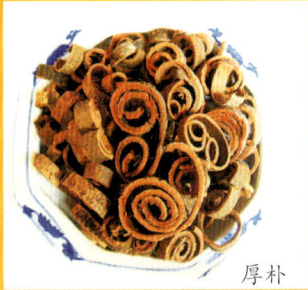

厚朴

杜仲

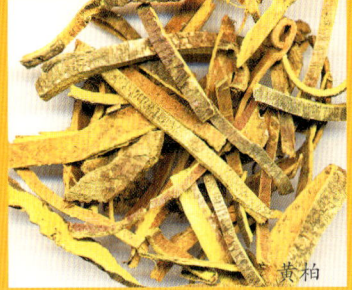

黄柏

"三木"药材

川芎种植

食用菌

彭州蒜薹

彭州柚

进入21世纪,彭州市积极调整优化农业产业结构,加大农民专合组织培育力度,加快土地向适度规模经营,突出发展蔬菜、川芎、大蒜、猕猴桃、食用菌、冷水鱼等主导产业,推动三次产业融合发展,实现传统农业向现代都市农业的转型发展。先后引进永辉供应链现代产业园、农产品加工产业园、冷链物流产业园等农业产业化重大项目,现有农产品加工企业112家,土地适度规模经营率突破74%,主要农作物生产综合机械化水平达到90.43%。国家级农产品交易中心、国家级蔬菜指数发布中心、国家级蔬菜博览会,让彭州农业声名鹊起,享有盛誉,成为"中国蔬菜之乡"和全国五大蔬菜生产基地之一,"北有寿光,南有彭州"的蔬菜产业发展格局基本形成。

猕猴桃产业园

30万亩"菜一稻

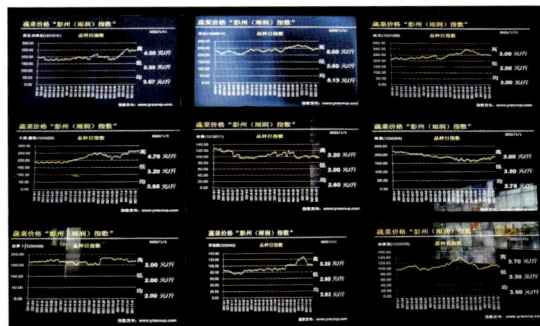

产高效示范基地

2015年，启用蔬菜指数发布中心

九尺冷链物流产业园

中国西部菜都——彭州

彭州"蒜苗"绿色食品认证证书

彭州"辣椒"绿色食品认证证书

加强农业品牌建设，促进品牌化与产业化、市场化、规模化、标准化融合发展。"三品一标"农产品累计认证149个，培育出"龙门山"蔬菜区域公用品牌和"广乐""盈棚"等130个特色农产品品牌，"彭州大蒜""彭州莴笋""彭州川芎"获得国家农产品地理标志保护产品称号，"彭州九尺板鸭""彭县黄鸡"获得国家农产品地理标志证明商标称号。

彭州紫皮大蒜

彭州莴笋

彭州川芎

彭州鲟鱼子酱

彭县黄鸡

彭州九尺板鸭

随着农村产业结构调整，农村大量劳动力转移，畜禽养殖从传统的粗放型家庭零乱散养，迅速发展到现代化、标准化、规模化、集约化和效益最大化的工厂集中养殖，养殖业更加突出"生态"两字。目前，彭州共拥有标准化规模生猪养殖场41家、水产规模养殖场13家。2022年，全市生猪出栏39.65万头，小家禽出栏683万羽、禽蛋总产量11570吨，水产品产量36840吨。

冷水鱼养殖基地

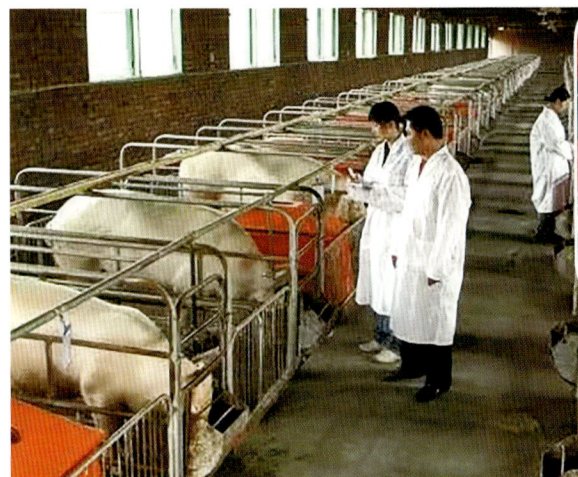

欣康绿生猪屠宰场

天府蔬香现代农业产业园

以"1+5"特色农业（蔬菜+川芎、大蒜、猕猴桃、食用菌、冷水鱼）为牵引，规划建设天府蔬香现代农业产业园，推动农业全链发展。规划面积约178平方公里，覆盖濛阳街道、九尺镇全域，是彭州蔬菜核心种植区，为中国·四川（彭州）蔬菜博览会永久会址地，现已举办11届。

天府蔬香现代农业产业园

种子银行

2010年4月，举办首届中国·四川（彭州）蔬菜博览会，现已连续举办11届

天府蔬香博览园农事体验基地"生命之树"

园区以建设"四中心三示范两提升一环线"（"四中心"即天府蔬菜种苗繁育中心、天府蔬菜工程技术中心、天府蔬菜文创中心、天府蔬菜社会化服务中心；"三示范"包括"菜—稻—菜"水旱轮作示范、农业现代装备示范、绿色可持续发展示范；"两提升"即通过集体经济组织提升、四川国际农产品交易中心改造提升；"一环线"即打造百里蔬香产业大环线）为抓手，全力打造100亿级"蔬菜+"集群，构建蔬菜绿色循环生产示范区、国际农产品加工商贸物流区、都市农业体验与蔬菜科技创新区和天府蔬香农商文旅体融合发展示范带4个功能区。园区内有成都市级以上农业产业化龙头企业32家，省级培育现代农业产业园1个、省级示范农业主题公园1个、成都市AA级林盘景区1个，建成四川省蔬菜工程技术研究中心、天府蔬菜种苗繁育中心、中国蔬菜博览馆、中国南方蔬菜种业创新中心，获评第三批国家农村产业融合发展示范园。

四川雨润国际农产品交易中心

蔬菜分拣

天府蔬香种苗繁育中心

蔬菜规模化、标准化种植基地

全力保障粮食安全。建立责任机制，以"长牙齿"硬措施推动耕地保护，持续开展"大棚房""违建农房"问题整治，严格遏制耕地"非农化"。积极融入成都"一带十园百片"布局，加快推进"天府粮仓"彭州片区建设，累计建成高标准农田32.66万亩、设施农业3.5万亩以上，规划建设十万亩粮经复合产业园区2个、

2006年8月22日，"杂交水稻之父"袁隆平到彭视察优质丰产水稻核心示范片

万亩粮经复合产业基地9个，其中，濛阳片区十万亩粮经复合产业园区获评成都市五星级现代农业园区，彭州市大蒜现代农业产业园区获评成都市四星级现代农业园区，敖平片区十万亩粮经复合产业园区及丽春镇塔子、九尺镇升平片区等4个万亩粮经复合产业基地获评成都市三星级现代农业园区。

天府粮仓

彭州市菜稻现代农业园区

园区位于彭州市濛阳街道、九尺镇，是川西平原600万亩"千斤粮万元钱"稻菜轮作产业带的核心区，获评成都市五星级现代农业园区。园区规划面积约113.41平方公里，紧扣"保粮稳菜"核心功能，常年实行菜—稻—菜水旱轮作粮经复合种植模式。

彭州市菜稻现代农业园区

粮食大丰收

濛阳片区十万亩粮经复合产业园区

美丽新村建设

遭遇2008年"5·12"汶川特大地震灾害后，彭州市在百年难遇的灾难中得以浴火重生，实施了农村土地综合整治，建成农村住房791万平方米，完成占成都市约50%的农房重建量。无数崭新楼群拔地而起，基础设施配套完善，连线成片建成的459个农村新型社区和一批特色镇，融入山水田园风光，构成了一幅新型城乡形态，彭州广大农村面貌发生了历史性巨变。

◄ 农村新居

▲ 农村旧房

九尺镇玉源社区

龙门山镇宝山村

桂花镇金城社区

丹景山镇东前社区

通济镇花溪村

.119

2012年后，彭州市依托市域空间结构、资源优势和产业特色，坚持统筹城乡、协调发展，塑造了宜居宜业的城乡品质。借势旅游资源，形成了以白鹿音乐、龙门山温泉度假、葛仙山运动休闲、丹景山牡丹文化、新兴古蜀文化、桂花桂陶文化为代表特色的旅游镇。立足特色农业，打造了以敖平川芎、九尺冷链物流美食为代表特色的都市农业镇。坚持产村相融，建成了以蔬香路、花源路为纽带的新农村建设综合示范片，以濛阳青江社区为示范的幸福美丽新村，宝山村入选中国美丽休闲乡村。实现了"望得见山，看得见水，记得住乡愁"的民生期盼。

桂花桂陶文化特色镇

敖平川芎特色镇

葛仙山运动休闲特色镇

农村环境整治。2009年，彭州市启动村级公共服务和社会管理改革试点，为327个村（涉农社区）匹配村级公共服务专项资金，2018年建立双轨并行的社区发展治理经费保障激励机制，推动农村环境常态管理。2018

农村大件垃圾暂存点

年以来，彭州市推动开展农村垃圾污水治理、"厕所革命"、基础设施建设、公共服务配套、村容村貌提升等行动，扎实推进农村人居环境整治。"美丽四川·宜居乡村"实现全覆盖，农村"厕所革命"经验入选全国九大典型范例。

提升村容村貌

农村民居厕所
改造前后▲▶

2018—2020年，彭州开展城乡"厕所革命"行动，新（改）建公厕250座

通济镇黄村坝社区改造前后▲▶

促进共同富裕

2004年，建立"城乡一元化户口登记"的户籍制度，消除农村居民进城的"门户"限制。2005年，全面免除农业税，兑现粮食直补和良种补贴，推行农村新型合作医疗制度。2011年，完成农村产权制度改革，推行耕地保护基金发放。党的十八大以来，彭州市借力深化改革迸发农村活力，健全完善城乡一体的劳动就业体系，推动生产要素加快向农村集聚，建成菁蓉中心、鑫和青年（大学生）创业园等创新创业载体，"桂花陶瓷工匠"等3个劳务品牌获评首批"蓉字号"特色劳务品牌，稳岗就业扎实推进。城乡居民收入比从1992年的1.91倍缩小到2022年的1.52倍。

上粮证

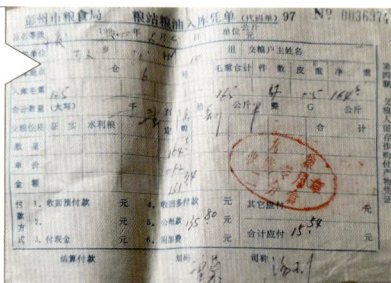

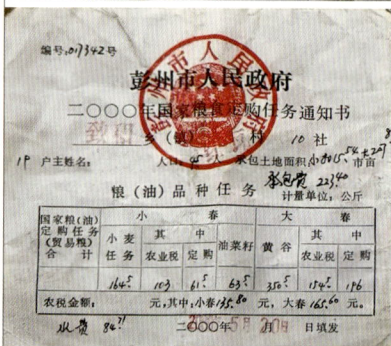

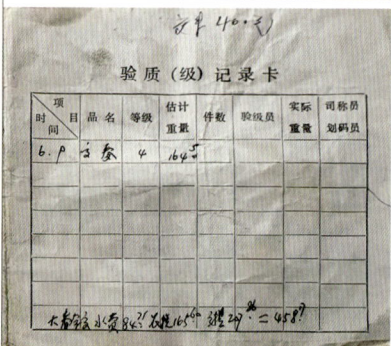

"家庭车间"居家灵活就业

农村产权制度改革

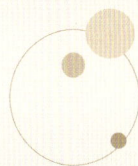

▲▶ 免费技能培训

2022年2月16日，彭州市举办"春风行动"暨返乡农民工专场招聘会

　　党的十九大以来，彭州市全面落实乡村振兴战略，探索以集体经济助力乡村振兴、推动共同富裕的"彭州模式"。积极推广多元化村集体经济发展模式，依托集体林盘等资源打造集体经济应用场景，鼓励集体经济组织发展乡村旅游、物业管理、现代农业园区、健康养老等新型业态。创新打造金城社区、西花町、熙林春色等"一镇一场景"，建成蟠龙文创聚落、九尺谢家院子、隆丰九里拾院等精品林盘，打造"露营+"业态场景26个。

天彭街道西花町

村民土地入股分红

金城社区蜀中糖门

渔江楠村星语心愿

石河村九溪 · 牡丹小院

全域旅游

　　彭州地处神秘的北纬30°线，被大自然赋予了多姿多彩的山水风光，自然和人文景观在这里交相辉映，旅游资源十分丰富。初唐四杰之一王勃赞曰"天帝会昌之国，英灵秀出之乡"；南宋诗人陆游写下《天彭牡丹谱》，赋予彭州牡丹与洛阳牡丹同等地位。

　　30年来，彭州市按照"发展大旅游，拓展大市场，形成大产业"的发展理念，积极融入成都市打造"7+5"世界级旅游产品体系建设，重点发展历史文化旅游、运动休闲旅游、乡村生态旅游，充分运用"旅游+"思维，构建"全境景区、全域旅游"的旅游发展格局。2022年，旅游总人数1755.93万人次，总收入101.01亿元，成为四川省全域旅游示范区。

龙门山湔江河谷生态旅游区

彭州市旅游全景图

1999年，彭州市提出"牡丹故乡、避暑胜地、宗教文化、地质奇观"四大主体旅游发展定位。2001年获批白水河国家森林公园、龙门山国家地质公园，2002年获批白水河国家级自然保护区，2004年获批龙门山国家级风景名胜区；2021年10月国务院设立大熊猫国家公园，彭州市龙门山为其组成部分。2008年"5·12"汶川特大地震中，龙门山旅游资源受到严重破坏，以悬桥栈道、峡谷怪石、飞瀑彩虹著称的龙门山大峡谷核心景区——银厂沟受到毁坏，停止了旅游开发。

银厂沟景区

小龙潭瀑布

悬桥栈道

悬桥栈道

回龙沟景区

2009年，彭州市采取多种模式发展乡村旅游，宝山太阳雨、鹿鸣荷畔等灾后重建小区被打造成乡村度假酒店，金龙假日酒店成为彭州市首家五星级乡村酒店。

仙泉山麓温泉酒店

龙门山湔江河谷生态旅游区

龙门山湔江河谷生态旅游区是成都市58个产业功能区中唯——个以山地运动为主导产业的功能区，是成都市28条重点产业链中体育产业链的重要承载地、旅游业产业链的协同发展地。功能区涵盖彭州北部山区6镇，地处"一心（成都平原核心旅游区）、两主（川西生态文化旅游主轴、九环世界遗产主轴）"及三星堆大遗址区中心，空间范围557.5平方公里，规划建设面积5.6平方公里、核心起步区0.97平方公里。功能区聚焦山地运动、生态康养两大主导产业，构建"云下—云中—云上"的山水城镇和产业共融共生的山地运动发展轴，聚力建设全国首个"现象级"山地运动旅游度假目的地。功能区现拥有大熊猫国家公园等5个国家级品牌资源、3个国家AAAA级旅游景区、1个全国乡村旅游重点镇、2个全国乡村旅游重点村、2个省级旅游度假区，建成白鹿钻石音乐厅、大熊猫国家公园入口展示中心等文体旅产业化项目，以及童话火车总动员、北野风谷营地等60余处特色消费场景，开发了攀岩、登山、玩雪、滑翔伞、山地车等四季户外运动，定向越野、飞拉达等户外体验活动，加快呈现熊猫谷、止马岛、蔡家山等总投资441.8亿元的湔江河谷重点项目，成功打造国家级夜间文化和旅游消费集聚区。

光影中的钻石音乐厅与音缘桥交相辉映

宝山卡丁车

海窝子古镇

童话火车总动员

止马岛

龙门山·卧云台（大熊猫国家公园展示中心）获2023年国际建筑奖

2019年5月17日，彭州市参加全球文旅产业精品住宿高峰论坛，招商推介龙门山民宿

民宿"点亮"乡村。创新推出"全要素"民宿发展新模式，引进全国知名民宿品牌12个，孵化在地品牌10个，建成熊猫的森林、半盏山房等精品民宿57家，创立西南首家民宿学院，成立全国首家民宿产业生态园（联盟），连续举办4届龙门山民宿发展大会，塑造了"龙门雪山下·七星耀湔江"IP标识，形成"1个民宿产业园+10个民宿聚落"的产业融合模式。龙门山·柒村民宿产业园获"中国最佳民宿度假目的地"，无所事事等2家民宿获评"天府旅游名宿"，果徕咖啡庄园等3家民宿获评"成都市首批精品民宿"。

2021年9月24日，中国民宿产业生态园（联盟）正式成立

柒宿·溪驻民宿

果徕咖啡庄园

无所事事（梧桐店）民宿

绿野星辰帐篷酒店

文旅品牌

结合彭州的城市特色和旅游资源，确立"天彭古蜀源·仙居牡丹乡"为彭州城市品牌形象宣传口号。以节为媒打出"特色牌"，连续举办了天彭牡丹花会、白鹿·中法古典音乐艺术季、李花文化旅游节、文创生活季等品牌节会活动。培育2个品牌赛事——龙门山国际户外生态三项赛和CBSA成都·彭州中式台球国际公开赛。

2000年4月15日，首届天彭牡丹艺术节开幕，歌唱家蒋大为献歌

游人赏牡丹

第32届成都（彭州）牡丹文化旅游节开幕式

CBSA成都·彭州中式台球国际公开赛

龙门山国际户外生态三项赛

白鹿·中法古典音乐艺术季

乡镇印象

经过30年的不懈奋斗，彭州所辖13个镇（街道）华丽变身，倚傍着雄伟的龙门山，沿着秀丽的湔江河，由北向南，铺陈展开，或雄踞绿水青山之间，或散落林泉蔬香之旁，构成立体山水彭派之城大美形态。以"民宿、音乐、川剧、鲜花、体育、温泉、康养、陶瓷"主题的休闲旅游开发为重点，形成了"一镇一品""一月一节"的特色发展路径。

雷音葡萄

大伞蒸牛肉

胡子兔

天彭街道 市政府所在地，彭州政治、经济、文化中心。辖区面积67.25平方公里，居于彭州市南部的平原地区，因"天彭门"而得名。

龙兴寺水街

太平古玩一条街

中国设计师一条街

致和街道 地处彭州市南大门，天府中药城核心区域，是彭州城区向南发展的主要区域。辖区面积63.18平方公里，是远近闻名的"古玩之乡"，也是家纺服装产业集群发展地。

金彭湖

罗万烫油鹅

川剧座唱

　　濛阳街道　全国重点镇，辖区内的濛阳新城为成都国际陆港彭州片区，是彭州"双核共兴"强市战略的重要支撑区域。地处成德绵经济带重要区域，与三星堆文化遗址同处一个台地，素有"濛州左都、天彭重镇"之称，辖区面积117.82平方公里。

白土河村何家院子

竹雕

九里拾院

隆丰街道　成都新材料产业功能区核心区域。地处彭州市中部，辖区面积80.67平方公里，有"大蒜之乡""川剧之乡""锅魁之乡"的美誉。相传三国时期姜维屯兵在此，将蜀军烤制干粮的方法传给百姓，成为"军屯锅魁"的起源。

万木留香家具博物馆

东风村蓝莓

兰花交易中心

丽春镇　成都市唯一的航空产业特色小镇。地处彭州市西部，辖区面积77.22平方公里，宋时以广植牡丹著称。规模种植蓝莓、红衣花生等特色农产品，建成西南地区最具影响力的兰花种植交易中心，拥有全国兰花定价权。

妙寂禅院

　　九尺镇　首批国家农业产业强镇，地处彭州市东部，享有"板鸭之乡""鹅肠之乡""稻田鱼之乡"美誉，辖区面积60.05平方公里，是辛亥革命元勋四川都督尹昌衡的故乡。"九尺板鸭""九尺鹅肠""升平稻田鱼虾"已形成庞大的产业链，连续举办"稻田鱼虾节"10届，每年元旦前后都举办美食（板鸭）文化节暨年货购物节。

升平稻田鱼

九尺剔骨肉

九尺积谷仓

敖平西瓜节

香花醋

敖平镇　地处彭州市东北部，享有"川芎之乡""风筝之乡"美誉。辖区面积75.19平方公里，有十龙山生态旅游度假区、红岩谷、蜀水荷乡等旅游景区，川芎、香花醋和风筝被称为"敖平三宝"。

正觉寺塔

敖平镇土楼

龙门山镇 地处彭州市北部高山区、湔江上游，属湔江河谷生态旅游区腹心地带，是大熊猫国家公园入口社区重要承载地，古蜀人部落从岷江河谷向成都平原迁徙繁衍的重要节点。辖区面积445.83平方公里，常年平均气温12℃，森林覆盖率86.7%，有"天然大空调""生态大氧吧""冷水鱼之乡"的美称。

回龙沟飞天瀑布

宝山蔷薇花

龙门山老腊肉

山珍

通济镇 又名青杠林，"百里湔山第一坝"，是古蜀文明发源的重要区域。地处彭州市北部山区，横跨湔江两岸，辖区面积88.51平方公里，有距成都最近的赏雪胜地天台山、道教圣地阳平观、海窝子川剧文博古镇等景观，是成都市历史文化名镇。

海窝子古镇·古蜀文化祭

阳平观

红星露营公园

白鹿白茶

白鹿镇　成都市十大古镇之一，国家AAAA级旅游景区，音乐小镇。辖区面积100.73平方公里，是彭州"三木药材"基地和"黄连之乡"，白鹿白茶主产区。

白鹿雪景

上书院

镇国寺塔

关口棒棒会

1929年彭县党员大会遗址——法藏寺碑亭

　　丹景山镇　又名九陇、关口，境内湔江出口处系古天彭门之所在，以境内的国家级AAAA级风景区——丹景山得名。辖区面积64.34平方公里，有三昧水、金华寺、法藏寺、镇国寺塔等千年古刹，是蜀中著名的历史文化圣地。

花村街

葛仙山镇 地处彭州市中部，因境内龙门山国家地质公园核心景区——葛仙山得名。辖区面积68.7平方公里，每年依托"三月三，朝葛仙山"的传统庙会，以"观赏田园风光，感悟道教文化，探考地质奇观"为主要内容，举办"田园赏花节"，是彭州龙门山腹地的"瓜果之乡"和乡村旅游胜地，全国休闲农业与乡村旅游示范点、四川省级旅游度假区。

千年银杏

花园沟李子

酥梨

葛仙山

三圣寺

磁峰麻饼

桂花龙窑

桂花镇　地处彭州市西部，享有"陶瓷之乡"的美誉，是"龙门雪山下·七星耀湔江"民宿IP核心发展区，龙门山·柒村获评省级旅游度假区。辖区面积112.3平方公里，年均气温14.5℃，森林覆盖率61%，有万亩竹海、衡州玫瑰谷、莲花湖、三圣寺、真武宫等风景名胜。

第五章

四向融通 打造区域协同高地

1993—2023
—— PENGZHOU ——

　　30年来，彭州市不断解放思想，坚持四向拓展全域开放，突破交通枢椙建设畅联快达交通体系，积极扩大国际"朋友圈"，持续深化国内城际交流与合作，全力塑造国内一流营商环境，构建全方位、宽领域、多层次开放新格局。连续两届获得中法地方政府合作奖，荣获"国际友城战略发展奖"，获评全国十佳最具投资竞争力城市、全国投资竞争力百强县、成渝地区双城经济圈建设工作先进区（市）县等称号，荣登中央广播电视总台发布的2022城市营商环境创新县（市）榜单。

交通建设

1997年，升平乡（现属九尺镇）双丰村建成全市第一条村级水泥公路；2004年，实现村村通水泥路。2004年10月，彭州历史上第一条高速公路——成彭高速公路建成通车，彭州融入成都市半小时经济圈，同时，川西环线等多条较高等级省、县干道建成通车，至2005年，基本形成以省、县道路为骨干，以乡道为延伸的"一纵三横"干线公路网络。是年，彭白小火车铁路线停运拆除。2009年，全市开工建设交通灾后重建项目，总里程达819.6公里，城乡道路基础设施整体提升。

2001年彭白小火车开通旅游专列，2005年停运拆除

2004年，全市基本实现村村通水泥路

2004年11月1日，成彭高速公路正式通车

2011年4月，川西旅游环线彭州段改建竣工通车

彭白路改造前后

成彭快铁

　　党的十八大以来，彭州市大力实施"交通先行"战略，持续掀起交通建设热潮，内外交通互联互通能力全面提升。截至2022年末，全市拥有高速公路3条、国省道7条，以及县乡村道数千条，市域公路总里程从1992年的841公里增至2799.96公里。目前，全市交通体系布局为"5高6快7轨"，成德市域铁路S11线已开工建设，双向六车道的成彭快速路前期工作基本完成，群众期盼多年的成汶高速进入开工倒计时，将彻底打通彭州北向交通，让彭州成为川西北"入蓉第一城"，成功破解彭州"尽端式"交通困境，实现由"区域末梢"转向"战略前沿"的发展位势之变。

扩容改建后的成彭高速公路

初秋蔬香路

2023年5月13日，成都都市圈环线高速公路（成都三绕）彭州丹景山互通立交（收费站）正式开放

畅行碧水畔

随着公路的发展、铁路的兴建，彭州市交通运输条件也得到巨大改善。2002年，彭州客运中心建成运营，形成了规范的客货运输市场。

2002年，彭州客运中心建成运营

2020年3月，深入实施便民惠民的乡村客运"金通工程"，小黄车变身致富车，助力农村群众增收致富

党的十八大后，彭州市加快公交客运发展和站点建设，逐步实现辖区内平坝地区通公交、山区通班线，形成了班线客运、公交客运为一体的客运网络体系。2018年以来，实施城乡客运一体化改革，成立国有公交公司，配置新能源公交车，全域实行"2元通"，在成都近郊市县率先实现公交、农村客运双国有化运营，被列为四川省乡村运输"金通工程"样板县（市）区。成彭快铁每日开行班次由最初的3对增加至现在每日22对，实现直达成都东站和南站，市民快速通勤成都中心城区有了更多选择。

2020年9月，推进城乡道路客运一体化，提高乡镇和建制村通车率，满足群众出行乘车需求

智能化公交站台投入使用

彭州	彭州南	犀浦	成都东	成都南	崇州	大邑	邛崃	雅安
PengZhou	PengZhouNan	XiPu	ChengDuDong	ChengDuNan	ChongZhou	DaYi	QiongLai	YaAn

终点站

2022年10月11日，成彭快铁实现直达成都东站、南站和雅安，每日开行班次22对

对外开放

坚持以思想破冰引领发展突围，积极扩大国际"朋友圈"，不断拓展对外合作，建立23对国际友好（合作）关系城市，建成全省首个县级国际友城合作馆，法国"莫雷之家"入驻白鹿镇。

1998年10月，彭州市与日本石狩市建立友好合作关系

2017年10月12日，法国塞纳马恩省驻彭州旅游办事处"莫雷之家"揭牌

2019年10月18日，彭州市与印度尼西亚马塔兰市建立友好合作关系

持续优化外贸发展环境和外商投资环境，累计引进贵藤食品、沃尔玛、三菱化学等外商投资企业15家。2022年，实现外贸进出口总额20.5亿元。

2017年7月27日，彭州国际友城合作馆建成开馆

2023年6月15日，彭州仁新科技在"一带一路"华商峰会上顺利签约

2023年8月，彭州市与荷兰BOM集团签署玻璃温室项目战略合作框架协议

2023年5月，彭州市组织10余家外贸企业参加第二届西部跨境电商博览会

区域合作

聚力发展开放型经济，积极融入全国产业链条，以招商引智行动为抓手，建立专业化招商队伍，2017年至今累计引进亿元以上项目241个。加强与西北地区交流，促进同西宁、兰州、拉萨等区域合作发展。创新开展城市营销，成功举办全国"村长"论坛、天府古镇艺术节、新丝路·CCTV网络模特大赛等重大活动。

2007年，彭州市与金牛区、新都区签署《金新彭区域互动意向协议》，实施区域联动发展

2016年9月24日，第十六届全国"村长"论坛在宝山村开幕

2020年7月23日，天府中药城等9家单位发起的成渝地区双城经济圈中医药发展联盟成立

深度融入成渝地区双城经济圈建设和成德眉资同城化发展战略。与什邡市在全省率先实现金融服务同城化，彭什川芎现代农业产业园获四川省"成德眉资交界地带融合发展首批精品示范点"一等奖，与成都东部新区、遂宁射洪、重庆长寿、重庆武隆等地建立区域合作，获评成渝地区双城经济圈建设工作先进区（市）县。

2022年6月2日，民泰银行彭州支行和什邡农商银行分别向彭什川芎产业园整园授信1亿元

2023年4月4日，重庆市长寿区人民政府与彭州市人民政府正式签订共推成渝地区双城经济圈建设战略合作协议

营商环境

彭州市始终把建设规范化服务型政府作为提升区位优势的重要支撑，加强法治政府建设，全力打造一流营商环境。2012年，高标准建成新政务服务中心，首创行政审批"一窗一章"改革，初步实现"进一门办百事"。

2013年7月30日，彭州市政务服务中心投入试运行

2014年，实行"一窗受理、一章办结"新政务服务模式

2019年，设置企业开办综合窗口

此后，深入实施营商环境提升工程，营商环境从1.0版深化到5.0版政策，构建以"不跑就能办"为核心的政务服务体系，全面推行政务服务"一网通办"、民生事项"就近能办"、不动产登记"一窗受理、联动办理"等模式，依托"湔江茶叙"为品牌的政企常态沟通机制、"经济网格员"跟踪服务机制和12345"亲清在线"企业诉求解决机制，全力服务企业深耕本地、做大做强。依申请事项全部实现"最多跑一次"、98.74%实现"零跑动"。

▲ 2021年，彭州市荣获中国营商环境百佳示范县市称号

▼ 彭州市政务服务中心智能自助服务区

▼ 2023年2月3日，举行"湔江茶叙"医药健康产业政企交流会

第六章

均衡发展
教卫文体全面提升

1993—2023
PENGZHOU

　　撤县设市以来，历届市委、市政府始终坚持以人民为中心的发展理念，不断加快社会事业发展。深化教育综合改革，构建完善从学前教育到高等教育的教育公共服务体系，资源布局持续优化，办学条件焕然一新，师资素养稳步提升，教育质量持续向好。坚持传承历史，弘扬传统文化，构建覆盖城乡的公共文化体育服务体系，彭州民间文艺创作和文化活动异彩纷呈，群众性文化体育活动蔚然成风。推进医药卫生体制改革，进一步健全破除以药补医机制，构建医疗联合体，推行分级诊疗，实现医疗资源纵向联合，人民健康和医疗卫生水平显著提升。

教育事业

　　彭州市秉承崇文重教的传统，推动教育事业跨越发展。1996年普及九年义务教育，2005年基本普及高中阶段教育，2006年实行免除义务教育阶段学生学杂费政策，2013年成为全国义务教育发展基本均衡县，2019年成功创建国家级农村职业教育和成人教育示范县。30年来，结合乡镇行政区划调整，实施城乡学校（园）规划布局多轮调整，通过撤并、新设等方式，优化了教育发展空间，构建了从学前教育、义务教育、特殊教育、高中教育、中职教育、终身教育到地方高等教育的完备教育体系。

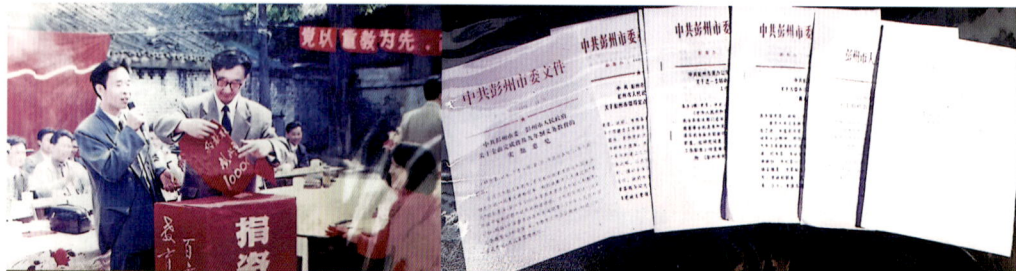

1996年，彭州市级各部门对口支援一个乡镇的"普九"工作，市委制定规范性文件，加大"普九"力度

2022年9月，彭州中学九峰书院校区建成投用

校园建设

撤县设市初期，彭州市启动普及九年制义务教育，投入资金2860万元，新建校舍9.38万平方米；2004年，实施农村中小学标准化建设，投入资金约1亿元，建设标准化学校40所；2008年"5·12"汶川大地震后，全面启动学校灾后重建，3年投入12.31亿元，新（改、扩）建学校42所，新建幼儿园31所。党的十八大以来，彭州市聚焦教育发展基础短板，持续推进校舍建设，改善教育装备设施，实现办学条件标准化、现代化、信息化。累计投入26.89亿元，推进中小学、幼儿园新改扩建工程，新建彭州中学九峰书院校区、南部新城学校、顾福桥幼儿园、香颂苑幼儿园、通济幼儿园等多所学校，大幅提升了彭州学子的就学条件。

▲ 彭州市通济镇蓝天小学

▲ 彭州中学普照校区

▲ 原成都师范高等专科学校

▲ 成都石化工业学校（南校区）

师资队伍建设

1993年，全市教职工2208人。彭州市通过不断健全名优教师培养机制、高层次人才引进机制和"编制+员额"教师补充机制等措施，全面提高教师业务素养。截至2023年7月，全市共有教职工4777人，具有中级及以上职称的专任教师占比78.98％，省特级教师2人，省"教书育人名师"1人，四川省其他各类人优教师28人，成都市"未来教育家"培养人选1人，成都市特级教师（校长）14人，成都市学科带头人35人，成都市其他各类人优教师346人。

教育质量提升

截至2022年末，全市学前教育毛入园率达99.79%，义务教育入学率和巩固率达100%，高中段教育毛入学率达99.15%，普通高中高等教育上线率达91.07%。普惠性幼儿园覆盖率达85.02%，"三化"水平均居成都市郊区新城前列；彭州中学入围"领航高中""拔尖创新人才早期培养基地"建设项目，全市高考成绩连续多年保持郊区新城前列，"双一流"名校录取比例逐年上升。四川省首批中职教育示范学校创建通过评审，师生技能大赛获国家级、省级奖项32个，彭州市市民体验中心建成开放。全市现有各类全国、省、市级特色学校156所。

2003年，物理学家钱伟长到天彭中学调研指导

2009年4月13日，成都石室中学与白马中学签订领办协议

2023年4月14日，彭州市举行"优教育·强功能·赢未来"工作启动仪式暨教育合作项目集中签约仪式，彭州市分别与成都石室中学、成都七中等8所院校签订合作协议

卫生事业

　　30年来，历届市委、市政府持续推进医药卫生体制改革，健全完善疾病预防控制、卫生监督及公共卫生应急工作网络，全市医疗服务体系进一步完善，居民健康水平持续增长，人均期望寿命、孕产妇死亡率、婴儿死亡率三大健康指标达国内先进水平。2012年荣获全国农村中医药工作先进单位，2017年成功创建国家卫生城市，2018年通过全国基层中医药工作先进单位复审、建成国家级妇幼健康优质服务示范县，2021年获全国计划生育优质服务先进单位等称号。在全省率先实现县级综合医院、中医医院、妇幼保健机构"三甲"全覆盖。截至2022年末，全市医疗卫生机构532家，全市医疗卫生机构床位数增加至8023张。

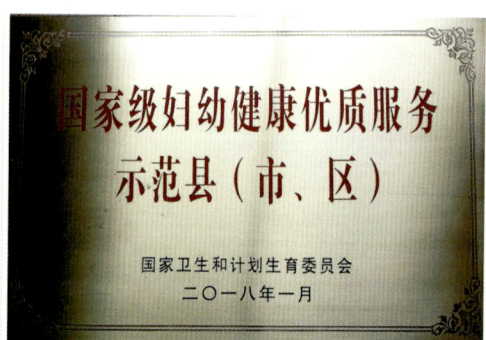

▲ 老年健康服务

▼ 婴幼儿照护服务

城乡卫生服务体系建设

　　2007年，彭州市全面完成基层医疗卫生机构标准化、规范化建设。通过"5·12"地震灾后重建，新建医院10.6万平方米，市级医疗机构硬件水平大幅提升。2016年以来，实施基层医疗卫生机构硬件能力提升工程建设，完成22个镇卫生院（社区卫生服务中心）、229个村级卫生室硬件提升。

2019年12月25日，彭州市中医医院获评"三甲"

2021年4月2日，彭州市人民医院获评"三甲"

利安社区卫生服务中心今昔

2002年/摄　　　　2007年/摄　　　　2018年/摄

公共卫生服务和应急处置建设

30年来，彭州市强化覆盖全民的公共卫生服务，健全以市疾控中心为骨干，医疗机构为依托，基层医疗卫生机构为网底，全社会协同、防治结合的疾病预防控制体系；建立完善传染病疫情和突发公共卫生事件监测预警、发现报告、风险评估、信息发布、应急处置及医疗救治等工作机制。2018年达到血吸虫病消除标准，先后处置霍乱（1996年、2002年、2003年）、"非典"（2003年）、H1N1（2009年）、H7N9（2017年）等疫情，经受住了2008年汶川特大地震后各项防病工作和2019年以来的新冠肺炎疫情的重大考验。

家庭医生为村民提供健康服务

彭州市成为首个接入成都市急救平台的区市县

2023年10月20日，举办卫生健康高质量发展集中签约活动

医疗卫生服务

深化医药卫生体制改革，进一步推动公立医院高质量发展，与中心城区医学院校、城市三甲医院开展资源共享、人才培养等领域合作，推动医院管理、医疗技术等资源下沉，加入城市三甲医院牵头的城市医疗集团9个、组建县域医共体3个、专科联盟43个、远程医疗协作网5个，让群众在家门口就能享受三级医院的优质医疗服务。推进县域医疗次中心布局，建成四川省县域医疗卫生次中心1个，中医医疗卫生次中心1个；已建成省级重点专科5个，成都市级重点专科14个。2018年上线"健康彭州就医通"区域统一的预约诊疗平台；2019年区域公立医院全部接入"天府市民云"平台；2023年实施彭州市全民健康信息平台升级改造，达到全省首家四级甲等区县平台标准，实现让数据多跑路、群众少跑腿。推动中医药三产联动，编制《彭州市中医药健康产业发展规划》，促进中医药事业、产业、文化传承创新发展。

建设成都医学院附属医院彭州分院

彭州市远程影像中心为区域内基层医疗机构会诊

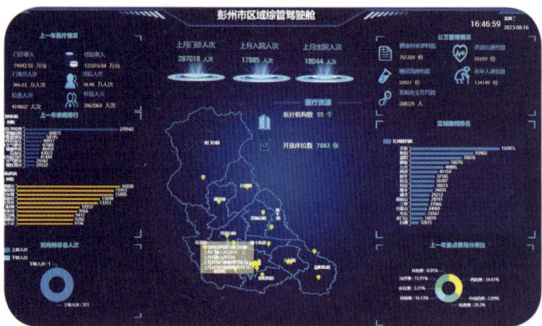

彭州市全民健康信息平台

彭州市中医医院新院

妇幼健康工作

1979年彭州市开始实施计划生育，2014年四川省启动实施单独两孩政策，2016年实施"全面两孩"政策，2017年彭州市妇幼保健院与成都市妇女儿童中心医院签订医联体合作协议，2021年实施三孩政策。30年来，彭州市妇幼健康服务体系更加完善，市人民医院和市妇幼保健医院均为国家级爱婴医院，建成全省首家事业单位性质的托育机构，获评成都市示范性托育机构。妇女儿童健康水平不断提高，艾滋病母婴阻断成功率100%，女性期望寿命由2011年的77.75岁提高到2022年的83.01岁，婴儿死亡率和5岁以下儿童死亡率分别从2011年的5.9‰、9.62‰，下降至2022年的1.63‰、3.8‰。

开展"两癌"筛查

婴幼儿照护服务

孕产妇健康直通车

2021年3月15日，彭州市妇幼保健院获评"三甲"

文化事业

　　撤县设市30年来，彭州市坚持以文化人、培根铸魂，构建完善公共文化服务体系，推进文化遗产保护和传承，扶持文化产业发展，群众性文化活动丰富多彩，文艺创作呈现出百花齐放、欣欣向荣的新局面。2016年，成为四川省第一个"全国书香城市（区县级）"，成功创建中国民间文化艺术之乡、中国曲艺名城。

2011年春节，开展民俗闹春活动

2011年9月27日，彭州市"创快板村，评快板王"特色文艺活动举行决赛

2015年4月23日，启动全民阅读系列活动暨第二届"牡丹杯"读书征文比赛颁奖仪式

2020年4月28日，央视播出纪录片《中国影像方志·彭州篇》，该片运用现代影像技术讲述彭州地方故事

2022年1月26日，李一氓故居经整体升级改造，正式向市民免费开放

2022年12月14日，在彭州中学九峰书院校区举办成都市第九届中小学戏曲艺术成果展

公共文化服务体系建设

30年来，全市公共文化设施建设投入持续增加。全市13个镇（街道）、202个村（社区）全面建成综合文化站（室）和文化活动广场，实现公共文化服务标准化、均衡化。1993年建成市博物馆，馆藏珍贵文物数量居全国县级城市前列，

彭州博物馆

2008年正式免费对外开放，2009年被评为国家三级博物馆，2021年被命名为成都市爱国主义教育基地。2009年市文化馆新建完成。2011年建成市图书馆，2013年成功创建为国家一级图书馆，并先后建成行政中心广场、牡丹文化广场、官渠郊野公园广场等大型文化广场，成为开展各类群众文化活动的重要场所。

彭州市文化馆

彭州市图书馆

2016年大年初一，在行政中心广场开展传统文化巡游活动

打造基层公共文化服务示范样本

党的十八大以来，推动开展国家公共文化服务体系示范区创建工作，优化基层公共文化设施布局，打造了致和街道清林社区文化中心等多个基层综合性文化服务中心示范点，新增白鹿上书院、葛仙山镇熙玉村"梨花·读"乡村图书馆、九尺镇积谷仓、美食文创园等45个公共文化阅读空间。2013年5月荣获"成都市公共文化服务体系建设免检区（市）县"称号，成为国家公共文化服务体系示范区。

截至2011年底，全市社区均建成100平方米以上的综合文广室

丹景山镇新时代文明实践所

2023年4月23日，九尺镇昌衡书院入选"全国最美农家书屋"

183

"梨花·读"乡村图书馆

文化遗产保护

彭州始终重视文化传承与保护，加强对历史文化遗存的抢救性维修，打造了龙兴寺历史文化街区、牡丹保育基地、白瓷艺术中心、昌衡故居、文翁祠等一批具有彭州印记的文化地标、文化设施和文化景观，成功申报文翁为四川省历史名人，全市有全国重点文物保护单位4处、省级文物保护单位2处。

2019年8月29日，彭州市加入世界遗产城市组织

白瓷艺术中心

文翁祠

昌衡故居

阳友鹤纪念馆

推动非物质文化遗产保护传承。现有以"桂花土陶""彭州白瓷""天彭牡丹花会""彭县肥酒""军屯锅魁""九尺板鸭""田鸭肠火锅"为代表的省级非遗项目7项，以"敖平风筝"为代表的成都市级非遗项目12项，以"彭州剪纸"为代表的彭州市级非遗项目84项。天府路小学（川剧）、桂花学校（陶艺）等被授予"成都市非遗传承基地学校"称号，桂陶龙窑，海窝子社区（川剧）等被授予"四川省非遗体验基地"称号。2019年，彭州成功加入世界遗产城市组织。

体育事业

　　30年来，彭州体育事业不断崛起。群众体育蓬勃发展，竞技体育连创佳绩，体育产业稳步推进。连续被国家体育总局评为"全国体育先进县（市）""全国群众体育先进单位"，成功创建"全国健身球操之乡""中国十佳运动休闲城市"。

2014中国成都·彭州龙门山国际山地户外挑战赛自行车比赛

体育设施

城乡体育基础设施建设不断加强，基本形成以市体育中心、牡丹新城体育公园、官渠郊野公园为龙头，以各镇（街道）体育活动中心为支柱，以村（社区）健身广场为支撑的三级公共体育阵地体系。特别是近5年来，全市推动公园、绿道体系建设，配套建成各类体育场地设施2960个，体育场地用地面积197万平方米，人均体育场地面积2.52平方米，比5年前分别增长49.80%、65.55%、64.71%，实现了居民在家门口锻炼健身的愿望。

体育活动

全民健身活动在城市、农村、学校、企业遍地开花。广场舞引领新时尚，以"运动成都·幸福彭州"为主题，打造出全民健身运动会、元旦越野赛、风筝放飞、登山活动、足球联赛、篮球联赛等经典项目，全市三级社会体育指导员总数达1448人。全市有传统体育项目学校28所，业余训练基地11个，常年在训学生1000

大运会比赛中的缪伊雯

余人，武术、排球、柔道等竞技项目成绩突出，获全国冠军1次、省级奖牌50余枚、成都市级奖牌200余枚。2022年4月，彭州女孩缪伊雯入选国家女子排球队，中国女排历史上首次有彭州运动员入选。

成都大运会的彭州元素

2023年7月28日至8月8日，第31届世界大学生夏季运动会在成都举行。在这次青春洋溢的盛会上，不乏彭州元素的参与，为成都大运会贡献彭州力量。

来自彭州的五位"大运会火炬手"，向世界传递青春奋斗、追逐梦想的大运精神

开幕式总导演陈维亚给两位彭州籍演职志愿者王道明（左一）、付语萌（中）指导讲解

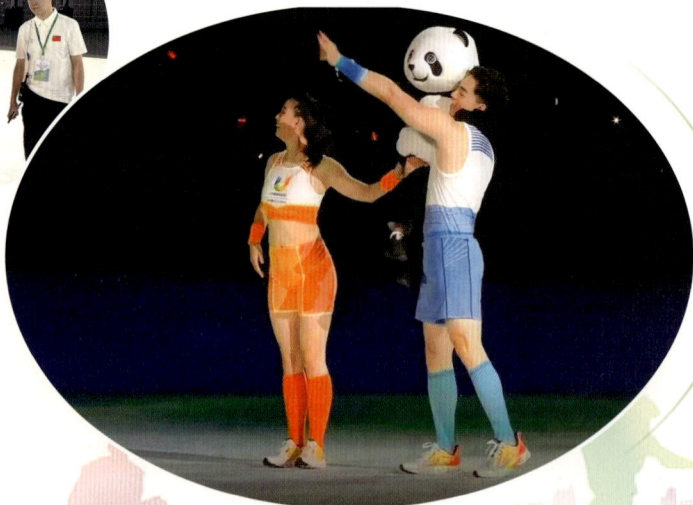

开幕式表演中的王道明（右一）、付语萌（小熊猫扮演者）

▲ 彭州剪纸、彭州风筝
入驻"大运村"

◀ 彭州白瓷入驻大运村
特许零售商品馆

中国女排在成都大运会上勇夺金牌（右起第三为缪伊雯）

第七章

共建共治
构建智慧韧性彭州

1993—2023
PENGZHOU

　　社会平安和谐稳定，百姓才能安居乐业。30年来，历届市委、市政府始终把平安和谐城市建设作为中心工作来抓，一手抓经济发展，一手抓和谐稳定。大力发展社会事业，积极改善民生，加强法治建设，构建治安防控体系，深化社区治理，积极推进智慧城市建设，全面提升安全风险防范能力和城市治理现代化水平。

平安彭州

30年来，全市政法工作紧紧围绕创造安全稳定政治社会环境工作主线，深入推进社会综合治安管理，构建治安防控体系，积极推动市域社会治理现代化试点，持续提升政法工作水平，牢牢守住"四个不发生"底线。自2005年全市启动"平安彭州"创建工作以来，坚持打防结合、标本兼治、关注民生、维护稳定的方针，全面深化平安创建各项措施，扫黑除恶、铁腕禁毒取得丰硕战果，平安建设群众满意度测评连续5年居四川省、成都市前列，2021—2022年蝉联四川省平安建设先进县，获评全国禁毒工作先进集体、首批成都市禁毒示范区（市）县。

人民公安

　　30年来，人民公安机关坚持依法执法，对刑事经济犯罪保持高压态势，群防群治，严厉打击，严格治理，为全市社会经济发展保驾护航，有力确保一方平安。1997年开通110报警服务台。2001年建立以110指挥室为龙头，以公安信息网为纽带，诸警种各司其职相互配合的动态防控体系，完善了110巡逻工作。到2006年，110、122、119报警服务台"三合一"，建立以指挥中心为枢纽的快速反应机制。党的十八大以来，全面深化警务机制改革，实施"两队一室"改革，推行"夜间联勤"和"四大警务"等机制，完成"一标三实"基础信息采集，推动"天网"体系建设，"三圈五区十线N网格"立体化信息化现代化防控体系基本形成，各类违法犯罪得到有效遏制。

▲ 深入推进"大走访"民警教你"学防范"

◀ 2007年百名民警任村官现场会

禁毒宣传进校园

开展防范电信诈骗宣传

践行新思想　忠诚保平安
——彭州市公安局大运安保决战决胜誓师大会——

2023年6月28日，彭州市公安局举行大运会安保决战决胜誓师大会

人民检察

　　30年来，市人民检察院始终坚持"讲政治、顾大局、谋发展、重自强"总要求，在司法体制改革背景下自觉重塑"四大检察""十大业务"新发展格局，法律监督能力持续提升，检察履职成效显著。涌现国家级"打击危险废物环境违法犯罪行为活动表现突出集体"，省级虚假诉讼办案"揭纱者"团队、矛盾化解"金彭融冰"团队、"'扫黑除恶'专项斗争先进集体"等一批先锋办案团队，在省内首创"公益诉讼生态修复保证金公证提存""高危未成年人临界预防""未成年人监护人强制亲职教育"等机制，以创新、实干的检察担当切实守护公平正义。2011年获评全国先进基层检察院，2016—2019年获评四川省先进基层检察院，2020—2022年连续三年入选最高检典型案例。

帮助农民工讨薪座谈会

检察听证

开展普法宣传

公益诉讼部实地走访湔江水系

◀ 2022年9月28日，走进关沟村儿童之家，开展法治安全教育

▶ 加大法治副校长履职力度，2020年9月25日，彭州市人民检察院工作人员到天府路小学讲授开学法治第一课

2023年4月28日，彭州市人民检察院举行民事检察"和解五法"示范工作室揭牌仪式

人民法院

30年来，市人民法院在改革中不断创新发展。2015年完成审判权运行机制改革试点工作，2016年开展法官员额制改革。在全国首创城乡社区"家和促进"前端共治体系，形成"全程式"有温度的

家事审判改革"彭州模式"。设立"小额诉讼服务中心"，小额诉讼"立审执监"一体化运行模式在全省推广。构建部门案件分流"熔断"机制，推动均衡结案度领跑成都法院。首创刑事财产刑"前执"机制，首创"离婚证+告知书"关护制度，系统构建"暖家"工作体系，率先探索预重整制度等等，通过一系列工作创新，不断开创人民法院工作新局面。2022年，祝增巧法官作为全省法院唯一代表入选中央政法委"双百政法英模"，市人民法院被最高院表彰为"全国优秀法院"，荣誉级别创历史新高。

案款兑付

强制执行

巡回审判

▲ 法律宣传

▲ 2022年5月30日，市法院在成都石化工业学校、彭州航空动力园区实验中学、彭州市磁峰中远学校、彭州市敖平雅居乐小学设立"祝妈妈阳光信箱"

◀ 2020年11月2日，审理"3·11"特大网络电信诈骗案

▶ 2023年4月6日，召开优化营商环境座谈会暨服务保障产业功能区高质量发展"三个十"工程启动会

应急管理

撤县设市初期，由市政府及安监办与各乡镇、市级各责任部门签订安全生产责任书，推动安全生产。2003年成立市安全生产监督管理局，使全市安全生产执法行为、监督管理工作不断规范。2018年组建市应急管理局，牵头防范各类安全事故。党的十八大以来，彭州聚焦安全发展，牢固树立红线意识，扎实推进安全生产，食品、药品安全形势稳中向好，多次获评成都市安全生产先进集体。常态化开展森林草原防灭火、城乡消防专项整治，健全防汛抗旱、山洪灾害等极端灾害防范应对机制，妥善处置龙槽沟"8·13"山洪灾害，有效应对"8·17"泥石流、"7·9"洪灾等自然灾害。

应急救援队伍建设

2012年8月17日，泥石流灾害救援

彭州市应急民兵

"119"校园消防反暴恐应急培训及演练

智治彭州

　　撤县设市以来，彭州坚持法治与德治相融合，政府主导和多元参与相结合，践行"一流城市要有一流治理"的理念，统筹推进依法治市，积极创新基层治理，加快智慧城市建设，系统谋划、协同推进城市治理体系和治理能力现代化。

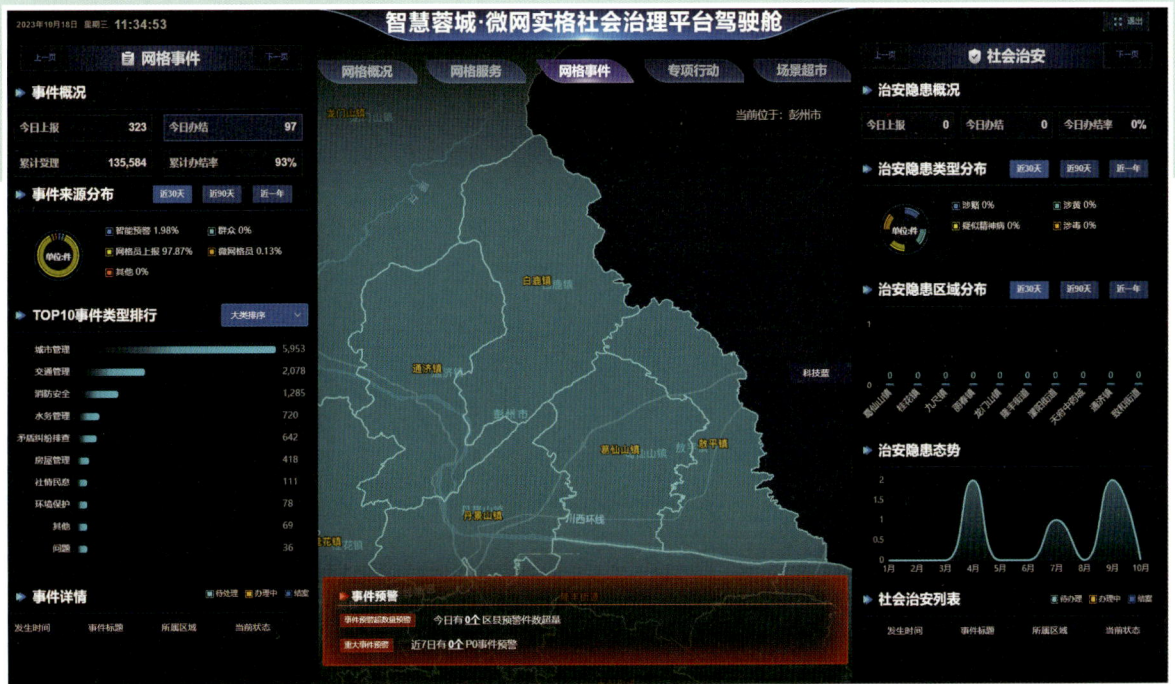

智慧蓉城·微网实格社会治理平台驾驶舱

2018年9月13日，举办2018中国（彭州）智慧城市院士论坛

依法治市

　　30年来，彭州不断深化法治政府建设，健全公众参与、专家论证、风险评估、合法性审查等行政决策机制，大力推行依法行政，健全行政执法与刑事司法衔接机制，让权力在阳光下运行。全市先后开展7轮全民普法教育，实现全民普法全域延伸服务触角。健全司法救助和法律援助机制、村（社区）法律顾问工作机制，创新打造"司法所+法律之家+主题街区"基层法治模式。实现市、镇、村三级矛盾纠纷多元化解协调中心建设全覆盖，全面推行"镇街吹哨、部门报到"的镇（街道）信访工作联席会议机制。办事依法、遇事找法、解决问题用法、化解矛盾靠法正在成为市民自觉习惯。

20世纪90年代，人民调解员在院落调解纠纷

1994年，开展个体工商户法律知识竞赛

▲ "以案说法"案例巡展

▶ 法律咨询服务

▼ 通济镇桥楼社区法律之家

社区治理

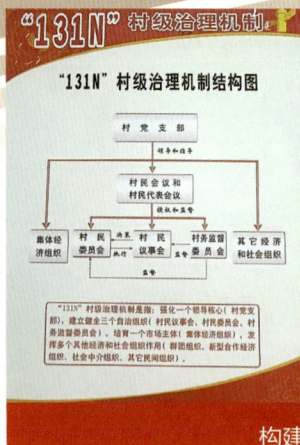

构建以村民议事会为特色的"131N"基层治理机制

　　彭州坚持用民主和法治方式加强社会治理，积极构建多元共治的基层治理新模式。"5·12"汶川特大地震灾后重建中，探索创新以村民议事会为特色的"131N"基层治理机制以及以全省基层社会治理示范社区"银定模式"为标准的社区治理模式。2017年11月成立市委社治委，重构城乡社区发展治理体制。深化"党建引领、双线融合"机制改革，作为成都市党建引领"微网实格"治理试点，构建五级幸福美好公园社区建设体系，创建成都市级示范社区、示范小区86个，龙兴秀城入选成都市未来公园社区十大优秀案例。统筹推进开放式小区、乡村集中居住区等治理，在成都市率先整镇推进乡村集中居住区导入信托制物业。创设信任互助社，创建"信义贝"非金融非货币的资源符号，建立通存通兑等闭环运行管理机制，入选成都市智慧社区首批示范应用场景。发布《近零碳社区个人行为倡导手册》，"彭州市低碳社区行动"案例入选《绿色繁荣社区（近/净零碳社区）建设指南之中国专篇》。筑牢社区新冠疫情联防联控联保防线，做细小区疫情防控，得到国务院疫情督导组肯定。统筹实施社区微更新、社区美空间、社区商业示范性消费新场景、社区生活服务"好项目"，持续提升舒适宜居品质。统筹推进幸福美好生活十大工程，以民生项目为依托，让幸福美好生活可视可及。先后获评全国"2019社会治理创新典范城市"和"2020社会治理创新示范城市"。

银定新区定期召开议事会

荣膺"2019社会治理创新典范城市"称号

2017年11月15日，市委社治委成立

居民获得信任互助社线下兑换券

微网格长到居民家中宣传惠民政策

智慧城市

彭州紧扣成都市智慧蓉城建设整体部署，积极融入智慧蓉城"王"字形构架，编制彭州智慧城市顶层规划，将"网络理政中心"升级为"智慧城市大脑"，推动彭州市智慧蓉城运行中心实体化运行。汇聚整合城市各类实时感知设备11402个，接入23个单位800余项数据，经治理后可有条件开放1.1亿余条数据资源，构建彭州信息专题库，畅通线上民意表达渠道，推进城市运行"一网统管"、政务服务"一网通办"、数据资源"一网通享"、社会诉求"一键回应"，智慧交通、智慧园区、智慧防疫等应用更加广泛。2021年在丹景山镇试点建设智慧治理平台。

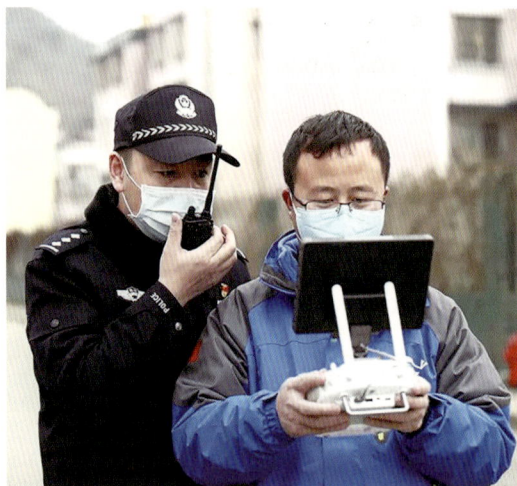

2022年10月31日，彭州市召开智慧城市建设领导小组会议

优化气象观测站网布局，配置完成51处地质灾害隐患点专业监测预警设备，实现76处地质灾害隐患点"人防＋技防"融合监测

汇通湖公园城市智慧驿站

智慧蓉城彭州市运行中心

和谐彭州

30年来，市委、市政府始终坚定人民立场，坚持全面发展、和谐发展的理念，着力提高社会保障覆盖面和保障水平，健全城乡最低生活保障制度，做到应保尽保。发展慈善、儿童和老年人等事业，构建完善社会救助体系和养老服务体系，提升社会养老服务业发展水平，使全体市民共享经济社会发展成果。积极培育和践行社会主义核心价值观，提升市民精神境界，筑牢了共同团结奋斗的思想基础。

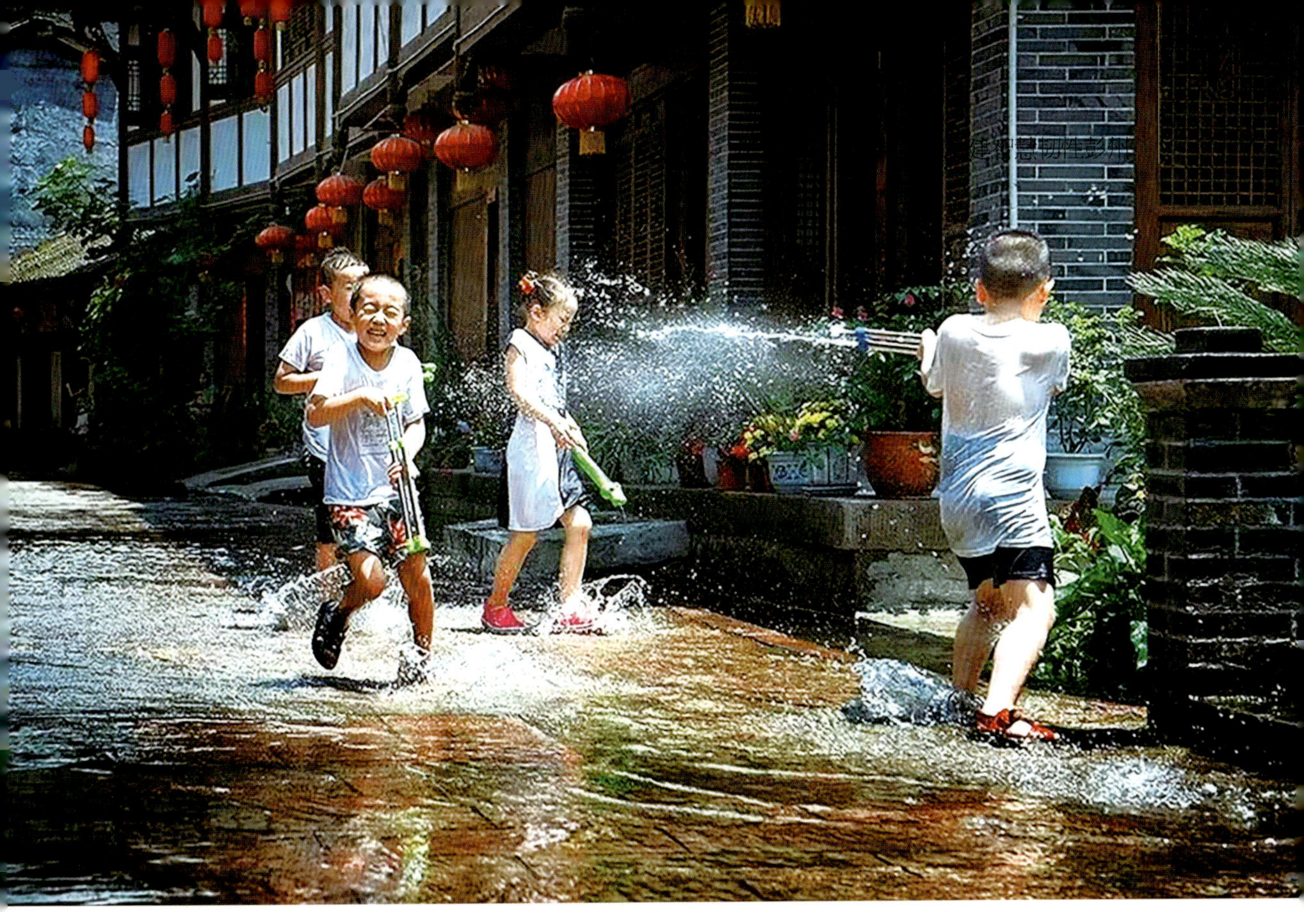

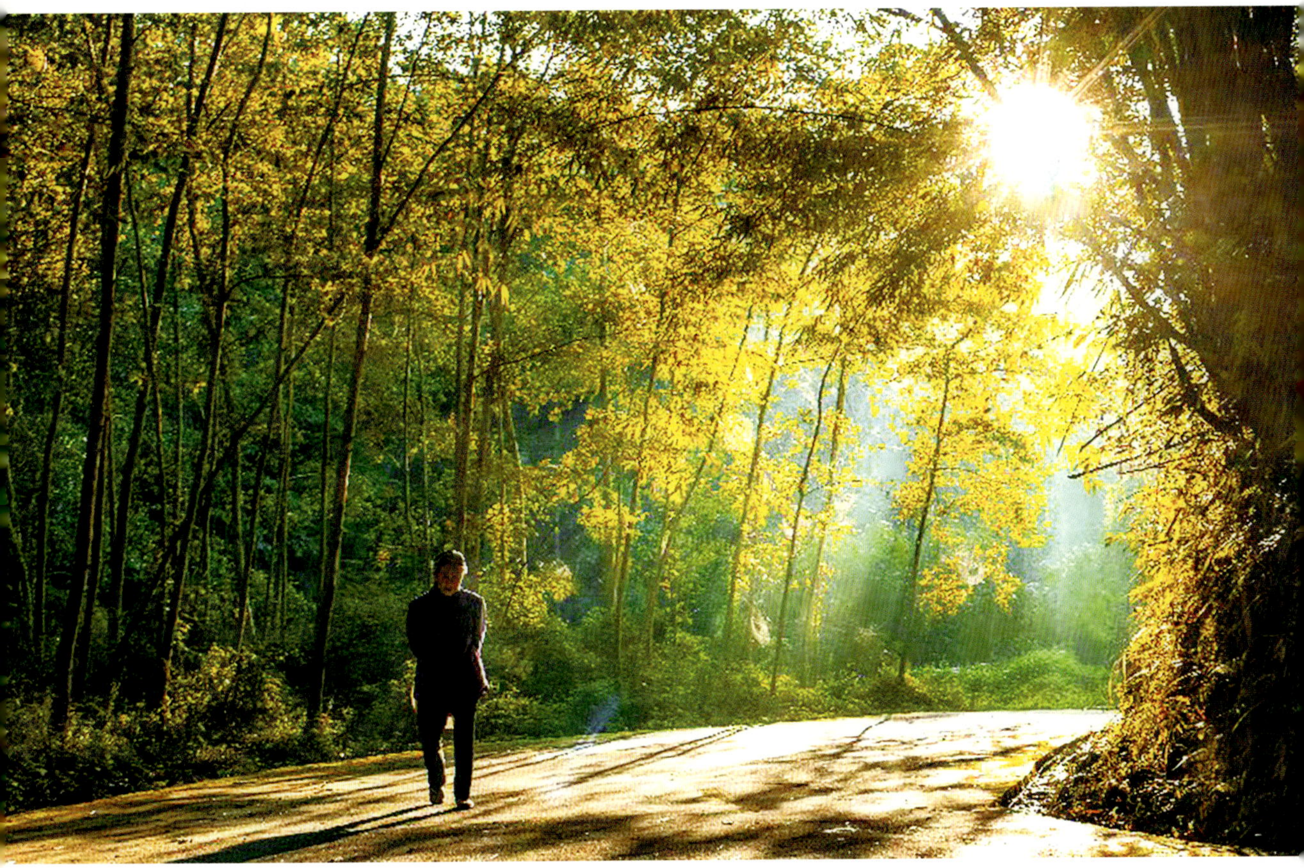

社会保障

建立了覆盖城乡居民的社会保障体系，稳步提高社会保障标准和范围，2021年全市城乡居民基本医疗保险及城乡居民养老保险参保率分别达98%和90%。建设城乡一体的救助

2009年，全面推行城乡居民养老保险

体系，城乡最低生活保障标准稳步提高，资助重度残疾人参加养老保险、特殊困难群众和重性精神病患者参加基本医疗保险，进一步织密织牢社会保障安全网。

老人在通济镇圆通坝社区"爸妈食堂"就餐

健全双拥工作体制机制，实现退役军人和其他优抚对象服务保障全覆盖。建成覆盖全市的日间照料中心192个，打造养老服务机构6个，全面落实了为80岁以上老人发放高龄津贴政策。建成儿童友好社区55个，未成年人保护工作站实现镇（街道）全覆盖。

2022年7月16日，退役军人优待证首发仪式

儿童友好社区建设

217

文明城市

彭州市以培育和践行社会主义核心价值观为主线，推动精神文明建设持续深化。广泛开展百姓故事会、道德讲堂和"榜样人物"评选等活动。以"我们的节日"系列活动为载体，聚焦中华民族传统节日开展群众性活动。系统推进全市新时代文明实践深化拓展，建立队伍1004支，创建品牌项目20个。"爱国、敬业、诚信、友善"的正能量不断彰显，初步形成了"开放包容、青春激情、充满活力"的城市人文特质，成功创建四川省文明城市。工会、共青团、妇联、残联、红会、科协、社科联、文联等群团组织充分履职，发挥其在各自领域的联结纽带作用，形成共建共享的生动局面。

2023年3月4日，开展"迎大运盛会 创文明城市 做文明市民"学雷锋志愿服务活动

2022年6月3日，在桂花镇磁峰社区开展"永远跟党走——我们的节日·端午"主题活动

2018年12月，举行"百姓故事会"决赛

2022年8月18日，在"我的城市我的家，金彭先锋志愿行"活动中为党员志愿服务队授旗

▲◀ 2012年6月28日，举办"2007—2011年彭州十大影响力事件"揭晓晚会

2022年4月，共青团彭州市委开展"文明在脚下"活动

2021年6月26日，市妇联

2021年12月16日，"职工普惠·幸福快车"宣传车走进丹景山镇

动你最美"健身舞蹈大赛

2021年6月11日，举行首届"最美科技工作者"评选活动颁奖典礼

专题记述

夺取抗震救灾和灾后重建伟大胜利

2008年5月12日14时27分58秒，四川省汶川县境内发生8.0级地震，使紧邻震中的彭州市遭受了有史以来的最大灾难，是国务院确定的全国10个极重灾区之一。

"5·12"汶川特大地震给彭州市人民生命财产和社会经济发展带来重大损失。全市死亡956人，受伤5775人，失踪35人，59.7万人不同程度受灾，公路、桥梁、电力、通信、水利、学校、文化和公共卫生事业基础设施及公共服务设施全部遭受严重破坏，旅游业遭受重创，主要景区、景点、设施和在建项目遭到毁灭性破坏。地震造成龙门山镇回龙沟、谢家店子、银厂沟等地崩塌、滑坡，形成泥石流和堰塞湖。新增次生灾害点282处，由于崩塌滑坡形成大小堰塞湖8处14个。其中，大奔流堰塞湖坝高10米，蓄水180万立方米；谢家店子堰塞湖坝高15米，蓄水

地震中严重受损的村落

100余万立方米，最大下泄量达750立方米每秒。其中彭州市直接经济损失273亿元人民币，相当于2007年地方财政收入的40.7倍。

市人民医院临时救助点

在中共中央、国务院的领导下，在解放军、武警部队及全国人民的鼎力支持下，彭州人民万众一心，众志成城，不畏艰险，迎难而上，开展抗震救灾工作。对基础设施和城市公共设施及时进行抢修，道路、通信、电力、供水、广播电视在短期内基本恢复正常；全市8处14个堰塞湖险情成功排除，10座水库险情及时作了应急处理；全市医疗系统累计收治伤员10万余人次，住院医治5775人，转出省内外救治1799人，最大限度降低了死亡率和致残率。灾后防疫开展及时，确保大灾之后无大疫。

抗震救灾期间，新都区、双流县（今双流区）、龙泉驿区、乐山市等外地民兵和本市民兵先后共有7000余人奋战在抗震救灾第一线。成华区、新都区、青白江区、龙泉驿区、新津县（今新津区）、金堂县、双流县公安干警和本市干警，忙碌在灾区进行抢救、治安管控、物资运送、交通保障、油料管控等，石家庄市、呼和浩特市、凉山彝族自治州、福建省等地特警先后到彭州支援。成都警备区、乐山军分区、眉山军分区、成都军区空军、济南军区20集团军等共1.1万余名官兵陆续到达彭州灾区，把救人放在第一位，不畏艰险，争分夺秒开展营救和过渡安置工作。

2008年8月1日前，江西、福建、厦门等省市和龙泉、高新等区（市）县陆续到彭州市援建受灾群众过渡安置板房，共建成活动板房

解放军官兵转移受灾群众

受灾群众临时安置点

救灾物资接收发放点

2008年7月31日，福建省泉州晋江市向彭州市通济镇捐赠物资

集中安置点125个，共建板房67874套，自建过渡房54417套。

地震发生后共收到各方捐赠资金53203.22万元，彭州市党员缴纳特殊党费199.06万元，上级拨付特殊党费29197万元，共收到上级调拨和捐赠粮食1054283公斤，新衣181472件，棉被（毛毯）63656床，饼干、方便面、面包、奶制品、罐头、火腿肠等主要食品242391件，各类药品9968箱，帐篷27206顶，以及各类机械、车辆和生产、生活日常用品。对各类救灾资金、物资，彭州市均实行专账管理，统一接收，统一调拨，建立市、镇、村三级监督管理机制，做到接收、保管、分配有序，公开透明、账目清楚。

按照中央要求，福建省对口支援彭州灾后重建，成立以省长为组长的对口支援工作领导小组，组建前方指挥部和9个分指挥部，派驻150余名援建干部对口支援彭州20个镇，强力推进援建工作。福建省在18个对口援建省市中率先完成"交钥匙"项目建设，得到国家、四川省和成都市的充分肯定，同时，完成31个"交支票"项目，累计完成146个项目，总投资33.77亿元。福建援建者们在基础设施建设、产业援建、技术援建、支医支教支警等方面结下累累硕果，在彭州大地上留下了一个个精品项目，为彭州发展书写下浓墨重彩的篇章。

彭州市委、市政府带领全市人民一手抓抗震救灾，一手抓灾后重建。在2008—2011年的三年灾后重建中，彭州市规划了总投资279.25亿元的940个灾后重建项目，全市实际投资超过507亿元，是彭州改革开放以来至2007年投资总和的1.9倍。

福建援建天彭镇清平中学

2009年8月13日,福建省援建彭州市九所学校竣工交付使用

三年灾后重建中，彭州共建成农村住房791万平方米，完成占成都市约50%的农房重建量，解决了20余万名受灾群众的安居问题。连线成片建成459个农村新型社区和一批特色镇。投入41亿元，完成了934公里的交通基础设施建设，建成金丰高架、新彭郫路、北星大道濛阳段等道路，投入15.7亿元改造和新建了34条市政道路，完善了18个场镇的基础设施，城乡自来水、天然气、污水管网分别较震前显著增长。同时，建设了一批教育、卫生、文体、民政、计生项目。全面退出了煤炭、小水泥、小石灰窑、砂石等行业，产业结构全面优化，发展品质逐步提升。彭州在灾后重建和农村产权制度改革过程中，探索建立了"131N"灾后基层治理机制，建立群众议事会、监事会等自治组织，党群干群关系得到了根本改变，全市的政治经济文化社会建设和党的建设同步取得全面进步，保持了社会的和谐与稳定。

通过三年灾后重建，彭州市取得了灾后重建的全面胜利，成为科学重建、科学发展的样板，全市道路交通、城乡公共设施以及农村生产生活方式提前了至少20年，为彭州的跨越腾飞奠定了坚实基础。

福建援建的市广电中心

2009年5月12日，小鱼洞大桥建成通车，上万群众到现场"踩桥"

踩桥仪式

通济镇三明路

鹿鸣荷畔新居

绿水青山 就是金山银山

小鱼洞大桥

守护人民健康，全力抗击疫情

2003年和2020年彭州经历过两次重大疫情事件，面对两次突如其来的疫情袭击，彭州市委、市政府始终将人民群众的生命健康放在第一位，团结带领全市干部群众同舟共济，累计出动医护人员近28万人、干部职工3000余人，投入资金7.46亿元，构筑起联防联控、群防群控的严密防线，确保了疫情防控和医疗救治有力有效开展，全力守护了人民群众生命健康安全，确保经济社会正常运行。

一、抗击非典疫情

2003年春夏之交，中国局部地区暴发传染性非典型肺炎。彭州市委、市政府高度重视、迅速反应，将非典疫情防治工作作为全市中心工作来抓，成立以市长为组长的协调领导小组，制定各项防治措施，颁布了《彭州市处置传染性非典型肺炎应急方案》，做到六项措施到位：一是防范

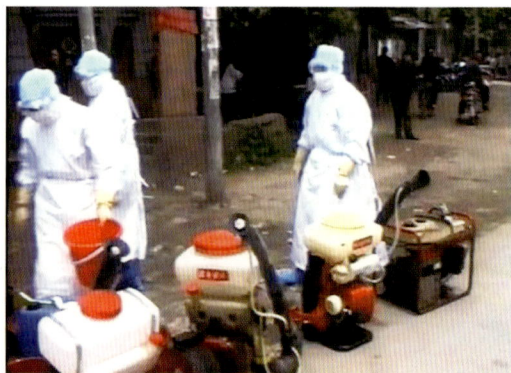

非典防治工作现场

措施到位，开展应急处置演习，按规定设立12个监测哨点，在市人民医院和市中医院设立发热门诊，确定市传染病院为定点收治医院；二是人员责任到位，制定监督检查工作制度，将责任落实到人，同时市领导分片包干，督查防治措施落实情况；三是后勤保障到位，做好卫生物资和人才的调查储备工作，储备了价值133.7万元的医疗救护设施、治疗药品、防护用品等各类物资；四是宣传培训到位，发放非典防治宣传资料50余万份，广播电视宣传150余次，累计培训各级医疗卫生单位332个，培训3800余人；五是农村防治到位，抽调56名医疗人员组建彭州市农村非典防治工作队，下沉到各镇卫生院，协助做好非典防治工作；六是卫生运动到位，开展全市性消毒灭菌和环境卫生整治运动，组织专业

消杀队伍7个、30余人，消杀体积257320立方米，全市共5万人次参加卫生义务劳动。在市委、市政府的正确领导下，各单位积极行动、各司其职，卫生部门先后出动医护人员12.6万人次，累计医学观察2838人，处理报告疫情35起，接受咨询及疫情报告电话3720次，共投入经费260万元。在全市人民的共同努力下，最终取得非典确诊病例和疑似病例为0的战果。

二、抗击新冠疫情

2020年伊始，新型冠状病毒肺炎肆虐中华大地。疫情发生三年来，在党中央坚强领导下，彭州市委市政府始终坚持人民至上、生命至上的行动宗旨，贯彻落实党中央国务院决策部署，科学动态调整防控策略，最大限度地保护了全市人民的生命安全，推动全市经济平稳运行。一是高度重视，快速反应。

出征武汉医疗队请愿宣誓

全力助力复工复产

疫情发生后，市委、市政府迅速建立疫情防控处置机制，成立疫情防控应急指挥体系和工作体系，建立健全联席会议制度，累计召开领导小组会议48次，专题研究部署防控工作97次，成立16个工作组开展全覆盖督导督查，广泛发布1300余条防疫短视频、800余条防疫信息，发放宣传资料190余万份，全市累计15万医务人员、干部职工、社区志愿者奔赴一线。二是守好家门，精准管控。落实"外防输入、内防反弹"的总体防控策略，累计完成接机指令138次，对847车次19720名入境旅客实施集中管控，开展入川车辆排查50余万次，入户排查居民住户29余万户、84余万人，走访排查企业、小商户1.3余万家，成功消除近300项隐患。三是系统应对，科学防治。规范设置全市发热门诊和定点医疗机构，成立82人的专家团队，累计为20余万人次提供医疗培训；推进方舱医院建设运行，不断扩大疫苗接种覆盖面，累计接种新冠疫苗201.8万剂次；做好核酸检测工作，高效开展流调溯源，累计检测1809万人次，承接近2万名本土隔离人员隔离观察任务。四是聚焦民生，稳价保供。构建全市集贸市场管理协作机制，组建雨润市场24小时人车查验专班，储备200名应急处突力量，动态部署400名执法人员，整编成立门岗值守、场外交易打击、流调溯源、复市筹备组。仅2022年，雨润市场蔬菜交易量351万吨、水果交易量160万吨，占成都市蔬菜保供比例的70%、水果保供比例的80%，确保了老百姓的"菜篮子"量足价稳。五是统筹兼顾，稳抓经济。开展"送政策、帮企业，送服务、解难题"等专项行动，出台10条稳定经济运行的政策措施，累计兑现6.12亿元防疫政策资金，推动237家重点企业、71个在建项目复工复产，支持233家企业、工地实施"防疫泡泡"模式，指导139户工业企业1.3万名员工闭环生产。3年来，市委、市政府因时因势、科学研判，全市上下闻令而动，担当作为，累计接诊患者14余万人次，储备价值25.44万元的防疫物资，建立20个医联体，发放"健康包"20万份，共筹措防疫资金7.2亿元，统筹疫情防控和经济社会发展取得重大积极成果。

倾力对口支援，助推脱贫奔康

2012年以来，为促进涉藏地区跨越式发展和长治久安，确保涉藏地区深度贫困县打赢脱贫攻坚战，彭州市按照四川省和成都市的统一部署，先后对甘孜州石渠县、阿坝州黑水县开展对口支援工作，围绕涉藏地区"发展、民生、稳定"三件大事，通过抓好智力支援、产业发展、社会帮扶、劳务协作、支部共建、发动群众等重点工作，对口支援干部扎根高原、倾力倾情接力援助，帮助两个深度贫困县顺利实现脱贫摘帽，为助推涉藏地区经济社会发展贡献彭州力量。

一、扎根石渠，四年践行庄严承诺助脱贫

为响应省委"千名干部人才援助涉藏地区行动"的决策部署，彭州市于2012年7月和2014年7月分别选派20名和18名干部人才远赴甘孜州石渠县开展对口支援工作。

4年里，彭州对口支援队始终牢记支援使命，践行支援誓言，以"进去为什么，在那干什么，离开留什么"为思考，以"缺氧不缺志，苦干不苦熬"的石渠精神为标杆，在素有"生命禁区"之称的石渠县播洒爱心和汗水。从开展文化旅游援建，助推旅游发展，推广彭州大地菜，推进产业扶贫，加强群众工作、开展困难群众帮扶等方面出发积极开展工作：助力石渠县打赢牧民定居工作收官之战；引进彭州"大地菜"蔬菜品种9个在石渠县试种成功；多种方式帮助石渠县卫生教育事业培养人才、改善硬件、提高质量；协调资金40万元支持石渠县基层组织建设；拍摄制作宣传画册《石渠：康巴之巅的太阳部落》，提高了石渠县文化旅游知名度；建成蔬菜科技示范基地冬暖式日光温室蔬菜大

实地走访了解石渠困难群众需求

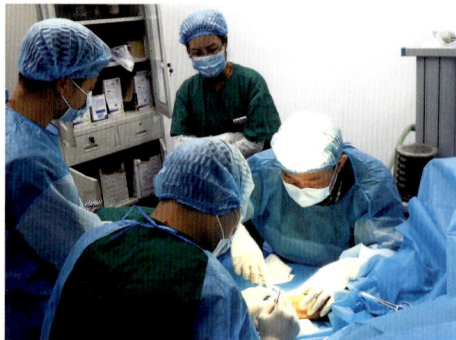

2005年5月3日，举行"彭州—石渠农业援藏培训会"　深入推进医疗援建

棚，培育种植大户，成功试种并推广茄果类蔬菜种植；组织30万元设施设备捐赠学校、机关，组织了"万件冬衣进石渠"，关怀贫困儿童；组织50余万元的画作开展文化交流，协助起草《石渠县包虫病综合防治行动计划》并积极参与包虫病综合防治。上述工作助推石渠县经济发展、社会事业、民生保障面貌发生可喜的变化，为2020年石渠县脱贫摘帽打下了坚实基础。

二、援建黑水，全域互联结对帮扶结硕果

2016年9月，彭州市开始对口支援阿坝州黑水县。彭州市紧扣实际，创新思路，狠抓落实，全力推进对口支援工作，2016年和2018年连续两轮对口支援工作助推黑水县于2020年脱贫摘帽。2021年5月开始实施以巩固脱贫攻坚成果同乡村振兴有效衔接为重点的第三轮对口支援工作。彭州对口支援工作连续两年在省内年度考核中获评"好"等次，两次被省委、省政府表扬，"上下联动、全域帮扶、社会参与"的工作格局正不断夯实。

援建初期，彭州市就将对口支援工作纳入市委、市政府重要议事日程和目标考核督查范围，建立健全定期研究、定期互访、一线督导等工作机制，全面统筹，全力保障，制定"两轮"对口支援五年规划（2016—2020）等多种措施服务援建工作。

按照"资金划拨不少于上年度地方一般公共预算收入0.3%"的标准和"资金跟着项目走"的原则，围绕产业发展、就业帮扶、教育保障、医疗保障等帮扶项目深挖特色，精准实施。推动道地中药材、紫皮大蒜和马铃薯原种繁育3个基地建设，解决务工岗位340个，带动种植农户64户。指导黑水建农村电商服务站点61个，月销售额约500万元。在四川国际农产品交易中心、菜博会等彭州

市重要商贸文旅平台建立黑水特产和特色文化销售展示体验场景，大力推介黑水生态产品、生态旅游和特色品牌。聚焦医教，帮助黑水建医联体5个、州级临床医学重点专科4个；建校联体2个、"名师工作室"2个，2017年以来，黑水县高考成绩连续刷新历史记录。聚焦民生，

2021年9月23日，对口支援黑水工作组成员实地调研贝母种植及农户收入情况

投入财政资金6153.96万元，援建惠民项目11个，受益群众达2万余人。举办"提升旅游业就业创业能力"等主题技能培训班25期，培训学员1660人，成功转移劳动力282人，促进每月人均增收约2000元。

彭州市致力构建"全域援藏、立体援藏"的工作格局，在全省率先探索"市县对点、部门连线、乡镇铺面"的分层分类全域结对帮扶模式，在产业、教育、就业等结对帮扶六大关键领域因地制宜、因业制宜，汇聚了推进黑水脱贫奔康的巨大合力，获得省对口支援办高度肯定并在全省全面推广。先后发动45家机关企事业单位分别与黑水县相关部门结成友好对子。截至2023年7月，共派员195名对口支援干部，落实划拨资金6758.36万元，完成项目70个；社会力量140余批次2800余人次参与对口帮扶，筹措实物和资金约3203.8万元。

2022年1月12日，召开彭州市对口支援工作队年度总结会

展　望

　　三十而立再出发，砥砺奋进新征程。在彭州撤县设市30周年之际，中国共产党彭州市第十五届委员会第六次全体会议明确提出以全面打造立体山水彭派之城为总体定位，重点打造国家级战略保障基地、成德绵现代产业高地、龙门山山水人文胜地、北成都宜业宜居福地和川西北开放门户枢纽，探索实践中国式现代化万千气象成都篇章的彭州表达，接续接力开启彭州经济社会高质量发展新征程。

　　在创新、协调、绿色、开放、共享五大发展理念的引领下，彭州以全方位"跨界融合"破题高质量发展新篇章，撤县设市以来积累的巨大潜能必将不断释放，作为联动川西北和融入成德同城的重要门户、西南重要的能源及新材料战略基地、成都综合实力领先的郊区新城，彭州开启新一轮高质量发展其时已至、其势已成！

　　展望现代化新彭州，以战略保障为使命的安全彭州、以现代产业为支撑的实力彭州、以生态人文为底色的山水彭州、以人民城市为内涵的生活彭州、以内联外畅为脉络的开放彭州、以创新创造为特质的活力彭州构筑的立体山水彭派之城必将不断塑造高质量发展新动能新优势。"十四五"末，全市经济总量跻身"千亿方阵"，综合实力跃上新台阶；国际陆港彭州片区成势成城，天彭

主城品质跃升，城乡融合进入新境界；天更蓝，地更净，山更绿，水更清，开窗见景，出门入园，美丽宜居四态更彰显；城乡基本公共服务更加均衡、普惠、便捷，群众将有更多的幸福感和获得感。

立体山水彭派之城的美好画卷正徐徐展开，彭州必将在新一轮发展中策马加鞭，勇往直前，写就更加辉煌的篇章。

30

1993—2023
—PENGZHOU—

附　录

30年大事记

1993年

1月18日　经过3年的建设，投资946万元的彭州园对公众开放。

4月1日　彭县重点工程——彭县草坝坑口火电厂在新兴镇光辉村举行开工典礼。

4月6日　成都市天星照明电器公司兼并彭县造纸厂，原彭县造纸厂的一切资产、债权债务和人员全部移交给成都市天星照明电器公司。

6月30日　彭县邮电局举行万门程控电话工程首批程控电话开通剪彩仪式，标志着彭县通信跨入全数字式、光缆的现代化通信时代。

7月1日　彭县劳务人才市场开业。

7月12日　国家广电部、省广播电视厅正式批准建立彭县人民广播电台、彭县电视台。

9月28日　成都市电业局彭县供电局成立。

11月18日　经国务院批准,撤销彭县设立彭州市(县级),以原彭县行政区域为彭州市的行政区域。

12月9日　建筑工人在彭县天彭镇西大街居委会建筑工地发现一处南宋时代文物窖藏,出土碗、盘、瓶等各类金银器皿146件和18根金钗。

12月28日　市委、市政府召开撤县设市庆祝大会。

1994年

1月8日　《彭州市市区总体规划》经彭州市四大班子领导和省建委、成都市建委、成都市规划局以及专家、工程技术人员审查通过。彭州市城市性质为政治、经济、文化中心,综合性工业、商贸城市。城市规模近期(1995年)人口达15万人,用地面积13.8平方公里;远期(2010年)达到城市人口25万~30万人,用地面积30平方公里,规划控制区面积158平方公里。

4月20日　市委、市政府召开彭州市发展个体经营经济表彰暨动员大会。12名私营企业标兵、23名个体工商户标兵、15家先进私营企业、90名先进个体工商户受到表彰。

5月10日　市委、市政府召开全市小康示范村命名大会。大宝镇宝山村、通济镇羊叉村、丽春镇黄鹤村、天彭镇大南村、三邑乡踏水村、清白村6个村被授予"彭州市小康示范村"称号。

5月15—19日　中国国际工程咨询公司疆油入川专家组到彭州市考察。听取成都市、彭州市的基本情况和四川省石油市场情况,对炼油厂选址和入川管线走向等方案进行充分论证。实地考察拟选厂址、生活区、水源等。

7月28日　成都湔江化工厂同九尺镇工贸公司联办烧碱项目协议签字,烧碱厂正式嫁接为乡镇企业。

7月31日　凤鸣湖电站试通水发电成功。

8月16日　市委、市政府召开重点小城镇建设工作会议。除九陇、丽春等省、成都市小城镇建设试点镇外,又确定濛阳、九尺、军乐、敖平、隆丰5个小城镇建设重点镇。

9月22日　市医药局所属集体企业成都市制药十厂以430万元的价格转让给私营企业四川省彭州市光伟生化厂。

10月3日　成彭快速公路全线正式通车。改建后的成彭公路路面宽18米，全长33.3公里，为高等级二级公路。

10月30日　甲醇工程竣工投产，该工程1992年11月18日动工，总投资6000万元，可年产精甲醇1.5万吨，实现产值2100万元，利税1000万元。

是月　由张文锦、陈光后、岳松健汇编的《彭州药录》，经市地方志办公室编辑成书。

11月7—10日　在国家林业部召开的全国林业技术开发试验示范区建设工作会上，彭州市荣获国家林业部命名的第一批"全国科技兴村示范市（县）"称号。

11月30日　彭州市首家村级企业集团彭州市宝山企业集团公司成立。

1995年

1月　市委、市政府决定将烈士陵园、秉彝亭、抗日阵亡将士纪念碑、刘邓潘起义旧址、博物馆、九峰山银厂沟、解放军66017部队等作为爱国主义教育基地，共10个。

4月6日　国务院副总理邹家华来彭州考察炼油厂选址，到军乐镇炼油厂选址现场听取汇报后，进行实地考察。

7月25日　彭州市重点工程之一的草坝火电厂一号机组竣工发电。

8月9—11日　全市连降暴雨，降雨量346.6毫米，湔江河水最大流量4800立方米每秒。420个村、21个居委会、3380个农业合作社、57152户受灾；冲毁农田6977.4亩，损失粮食760万千克，在建项目及公共设施损失742.5万元；冲毁河堤57136米，山体滑坡302处，房屋倒塌6608间。各种经济损失累计11390万元。

10月4日　彭州市第一次农业普查领导小组成立。

11月16日　彭州市反贪污贿赂工作局成立。

1996年

1月19日　占地面积20余亩、建筑面积1.03万平方米的彭州市天府路市场正式开业。

1月27日　彭州市天彭镇北大街居民委员会被国家民政部授予"全国模范居民委员会"称号。

3月1日　全国绿化委员会、林业部、人事部在北京人民大会堂召开全国绿化先进单位表彰会，彭州市白鹿乡三河店村获全国绿化造林"千佳村"称号。

3月6日　在天彭镇东南村606地质队宿舍工地基建处发现一批宋代青铜器窖藏文物。其中有铜釜、鎏金铜佛像、铜瓶等近百件。

5月27日　美国埃克森—埃索集团应省计委、中国石油天然气总公司邀请来彭州考察炼油厂选址。

6月15日　彭州市提前完成夏粮入库任务，夺得成都市第一名。

8月28日　市委、市政府在成都市新华宾馆举办1996彭州市招商引资暨四川炼油厂项目信息发布会。

9月9日　彭州市煤炭工业管理局成立。

9月27日　四川炼油厂项目评审会在北京圆满结束，27名专家组成员一致认为，建设具有战略意义的四川炼油厂十分必要，方案合理，经济可行，建议尽快报国家计委，争取早日开工建设。

9月28日　阿坝州与成都市三县（市）交汇点的行政区域界线勘定会在汶川县政府举行签字仪式。

12月25日　省委、省政府授予彭州全省县级经济综合评价"十强县"称号，彭州市名列第九位。

12月27日　彭州市草坝发电厂二号机组经过近半个月的试运行，正式并入成都市大网。

12月30日　国家兵工集团企业157厂在彭州工业开发区举行开工奠基仪式。

1997年

1月9—11日　彭州市人民医院通过卫生部"二甲"评审，成为全省区（市）县级医院首家"二甲"综合性医院。

1月15日　彭州市计划生育工作连续9年（1988—1996）获成都市委、市政府一等奖。其中1993年被成都市委、市政府授予"计划生育工作红旗县（市）"称号；1996年12月获四川省"八五期间"计划生育先进集体殊荣。

3月20日　四川炼油厂筹建组在四川石油管理局正式挂牌办公。

3月25日　中央宣传部公布彭州大宝镇宝山村为全国创建文明村镇活动示范点。

6月26日　彭州市"110"报警服务台正式开通成立。

7月15日　省体委授予彭州市"四川省风筝之乡"称号。

7月22—26日　国家煤炭部在彭州市召开整顿煤炭生产秩序现场会。

8月14—15日　彭州市境内连续普降暴雨，降雨量达190毫米。湔江最大流量达4920立方米每秒，两岸大坝、河堤、公路、桥梁被冲毁54处，长达6530米；毁没农田2445亩，损失粮食361万公斤；倒垮房屋410间，内部渠系工程10300米，直接经济损失4280万元。

11月12日　彭州市人民法院"司法警察大队"成立。

11月24—28日　在全省县委书记学习会上，彭州市被省委、省政府评为"四川省县级经济综合评价十强县"。

12月9日　彭州中学被评为四川省"校风示范校"。

12月24日　彭州市被国家民政部授予"全国民政工作先进市"称号。

1998年

1月21日　市人民法院召开荣获全国法院集体一等功表彰座谈会。

3月17日　彭州市通过省、成都市农村小康考核验收组的考核验收，全市460个村基本达到小康标准。

5月　彭州市被评为四川省科技工作先进县（市）。

6月27—30日　中央组织部在北京召开的全国农村基层组织建设经验交流暨表彰会上，宝山村党委荣获"全国先进村党支部"称号。

7月　四川省利达集团公司和彭州市宝山企业集团公司获首批1998年"四川省文明乡镇企业"称号。

9月8日　彭州市被国家体育总局命名为全国体育先进县（市）。

9月25日　市人民法院依法拍卖成都外贸亚中药厂，成交价为1800万元。拍卖企业在彭州尚属首次。

10月　彭州工业开发区经四川省人民政府确认为省级开发区，四川省人民政府外事办公室和四川省对外友好协会批准成立中日企业合作园区。

12月27日　彭州市菩提印经院成立暨重印《洪武南藏》经书开机仪式在慈济堂举行。

是年　彭州市完成3个移动通信端局的选址征地和G网27个载频的扩容和基站建设，使A、B、G网移动基站达到8个，共2000个信道，覆盖了彭州90%的地区。SDH光纤数字同步传输系统通达28个乡镇，历时1年8个月的"村村通电话"工程顺利完成，建成全省第一个县级（市）国际因特网彭州节点站。电话交换、数字传输到有线、无线相结合的多样化网络格局的形成，标志着本市信息公路已初具雏形，并在"天府热线"的指导下，建立"蜀绣彭州"网站。

1999年

1月6日　彭州市白水河自然保护区被省政府确定为省级自然保护区。

2月23日　敖平法律服务所被国家司法部首批授予全国一百家"部级文明法律服务所"称号。

4月1日　市委办、市政府办联合发出《关于编纂〈彭州年鉴〉（1998年）的通知》，成立年鉴编审领导小组和编辑部，正式启动首部《彭州年鉴》的编

纂工作。

4月16日　彭州工业开发区为省级开发区授牌仪式暨投资说明会在彭州举行，省政府秘书长柳斌杰代表省政府授牌。

8月2日　国家关井压产赴川督查组来彭州检查关井压产工作，对彭州完成关闭29个布局不合理矿井，压减实际生产能力55万吨煤炭给予充分肯定。

11月　彭州市荣获"全国科技工作先进（县）市"称号。

12月7日　全市乡镇土地利用总体规划通过成都市国土局专家组评审验收。

是月　1998年全省县级经济综合评价结果揭晓，彭州市再次名列全省"十强县"。

2000年

1月14日　成都市委、市政府授予彭州市的庄洪清"成都市农村农产品十佳营销大户"称号，授予廖明杰、余道发、喻帮清、吴贵全、黎兴浩"成都市农村农产品营销大户"称号。

1月24日　彭州市首届房地产交易会开幕。总成交金额达6049.5万元。

2月　成都市工商局彭州分局被国家工商局评为"全国个体私营经济管理工作先进联系点"。

3月10日　彭州市关井压产工作通过国家验收组验收。

3月12日　小鱼洞乡中坝村任天华等8位村民在向阳坪发现两只野生大熊猫。

3月26日　彭州市开通蔬菜"绿色通道"。

4月3日　国家石化局规划设计院副院长、总工程师白颐率四川60万吨/年乙烯项目专家组来彭州市军乐镇拟定厂址进行现场考察。

4月25日　全市乡村水泥路通达工程现场动员会在升平乡召开，标志着彭州市"村村通水泥路"工程全面启动。

4月29日　香港中药现代化科技产业促进会访问团来彭州考察天乐药业集团和川芎优质无公害产业化生产示范区。

5月12日　出席"全国中药材基地建设与中药现代化专题研讨会"的专家、企业家150余人来彭州参观敖平镇石泉川芎无公害种植示范基地。

是月　党政机关中层干部、一般干部竞争上岗、双向选择、末位待岗的用人机制开始在全市推行。

6月5日　中国地质科学院地质研究所研究员韩同林教授与中国地质博物馆教授郭克毅再次到彭州市，对"冰川漂砾"及其边缘地带什邡市八角乡进行考察。

10月18日　国家人事部、农业部授予宝山村党委书记贾正方"全国农村优秀人才"荣誉称号。

是月　彭州市与日本北海道石狩市签署《建立友好城市关系协议书》。

11月　彭州市南城小学被国家教育部正式批准为"全国中小学现代教育技术实验学校"。

12月9日　小鱼洞乡杨坪村村民刘树奎在该村飞来岩的沟谷里发现一只大熊猫。

2001年

1月5日　九尺镇等8个乡镇接受"国家级科技产业化示范工程绿色蔬菜基地"的授牌，实施国家绿色蔬菜示范工程。

2月19日　彭州市与中国科学院热物理工程研究所、北京万象新新科技开发有限公司、北京通用能源动力公司达成协议，投资2500万元修建彭州市生活垃圾焚烧厂。

3月7日　四川60万吨/年乙烯项目前期工作组第一次会议在彭州市召开。

3月16日　经国土资源部批准，以彭州市境内葛仙山等景点为主体的龙门山地质公园正式成为全国首批命名的11个国家地质公园之一。

4月17日　年产高纯度氢氧化钾2万吨的生产项目在彭州正式启动，新希望集团公司将陆续投资2.49亿元全面实施该项目。

7月2日　全国优秀共产党员、宝山村党委书记贾正方在北京参加建党80周年庆祝大会。

10月8日　彭州市纪念辛亥革命90周年暨尹昌衡故居落成典礼在尹昌衡故乡升平镇双丰村举行。

10月29日　台湾中台禅寺高僧惟觉大和尚率中台禅寺宗教文化艺术参观团一行76人来彭州访问。

11月10日　世界银行集团国际金融公司高管来彭州考察华融化工3万吨高纯度氢氧化钾工程建设情况。

11月23日　白水河森林公园被国家林业局批准为白水河国家森林公园。

2002年

1月15日　投资6800万元的彭州牡丹大道竣工通车。牡丹大道全长4.52公里，宽83米，成为连接成彭、彭什、汉彭、彭白公路段的过境快速通道。

2月27日至3月5日　第十二届中国（成都）"金花杯"兰花博览会暨成都市花卉蔬菜展销会在彭州市举行。40多万人次参观博览会，成交额达5000万元以上。

7月2日　国务院批准彭州市白水河自然保护区为新建国家级自然保护区。

7月10日　民革中央副主席、省人大常委会副主任、省民革主委钮小明，省政协副主席阿称，成都市政协主席骆隆森率省市政协、省市民革部分委员、专家对彭州拟建中的湔江水库进行联合视察。

9月26日　彭州市举行龙门山国家地质公园揭碑典礼。

12月16日　成彭高速公路正式动工建设。

12月18日　香港联邦制药·四川制药（彭州）有限公司举行抗生素产品建设工程竣工庆典。

是月　彭州市与日本大阪府富田林市签署《建立友好合作关系城市备忘录》。

2003年

3月11日　彭州市第一中学被省教育厅授牌为"四川省示范性普通高中"。

5月15日　五名普通市民作为首批旁听嘉宾，首次旁听市政协常委会议。

9月25日　韩国文化广播公司（MBC）《中国药草》电视节目摄制组一行5人，来彭州采访拍摄中医药基地。

10月21日　成都市考古队在太清镇龙泉村进行发掘，发现商周、战国遗址。

10月22日　受中石油股份公司和国家有关部委委托，中国寰球工程公司专家组来彭，对60万吨乙烯工程可行性报告进行调研。

12月20日　全市城乡居民生活用电实现同网同价。

2004年

1月13日　龙门山风景区被国务院列为国家重点风景名胜区。2月11日正式命名挂牌。

是月　市国土资源局、市公安局、市建设局和天彭镇启动规范化服务型政府建设试点。

3月1日　市级机关和各镇人民政府试行9：00—12：00、13：00—17：00的"朝九晚五"作息制度。

3月10日至6月30日　市环保部门根据市政府决定，对湔江、土溪河沿岸38家超标排污的煤矿企业实施限期治理。

4月10日　市委组织部在丽春镇青光村、天顺村和白鹿镇回水村试点，采取"海选"方式进行村级组织换届选举。

4月12日　国家交通部、商务部、农业部和国家发改委来彭州调研鲜活农产品"绿色通道"建设工作。

5月9日　中央电视台披露彭州市九尺镇古堂村4组熊小兵非法使用工业用盐生产泡菜，彭州市委、市政府立即采取措施查处，并专项检查全市23家盐渍食品加工厂。

6月1日　龙门山风景区设为烟尘控制区，按《成都市建设烟尘控制区管理规范》进行管理。

6月11日　市委、市政府出台《彭州市事业单位人事制度改革方案》和《彭州市事业单位人事制度改革未聘人员分流安置意见》，改革事业单位人事管理体制，推行以聘用制度为核心的用人制度。7月12日召开动员大会，启动事业单位人事制度改革。

9月17日　举行四川80万吨/年乙烯项目环境影响评价公众听证会。

11月1日　成彭高速公路正式通车。

11月13日　白鹿镇水观村宏盛煤矿发生特大瓦斯爆炸事故，造成19人死亡，4人重伤，7人轻伤。

11月14日　彭州市政府对全市煤矿进行停产整顿。

12月11日起　按照国家产业政策，全市分3个阶段强制关闭黏土砖生产企业。

12月28日　总投资2.5亿美元的四川亚东水泥有限公司开工建设。

2005年

5月30日　市委市政府决定组建市建设经营投资有限公司，集中统一管理全市党政群机关和事业单位国有资产。

5月31日　中咨公司组织乙烯项目专家组一行60余人到彭州召开四川80万吨乙烯项目申请报告现场调研及评估会议。

6月9日　召开彭州市第二届地方志编纂工作会议，全面启动第二轮修志工作。

7月22日　设立彭州市石化产业发展局。

8月5—8日　在川的中国科学院院士刘宝珺、刘盛纲、陈星弼、经福谦，中国工程院院士孙玉发、李乐民、林祥棣、罗平亚、姜文汉、殷国茂、高洁来彭州参观考察，为石化产业和经济社会发展出谋划策。

10月10日　市委首次开放市委常委会议，7名群众代表列席十一届市委第七十次常委会议。

10月26日　中央精神文明建设指导委员会授予宝山村"全国文明村镇"称

号，授予5719工厂"全国精神文明建设先进单位称号"。

11月28日 国务院核准四川80万吨/年乙烯项目。

12月13日 国家发展和改革委员会以发改工业〔2005〕2634号文正式通知中国石油天然气集团公司和四川省人民政府，批准四川80万吨/年乙烯建设项目，该项目落户彭州市。

12月8日 《彭州市石化配套产业发展规划》通过评审。

12月9日 举行招商引资项目集中签约仪式，市政府与华源集团、华融化工、西星实业、新加坡亚洲工程企业等14家企业签订投资协议书，投资总额29.2亿元。

是日 彭州市社会科学界联合会成立并召开第一次代表大会。

2006年

1月18日 彭州市知识产权局成立。

2月28日 中国石油四川80万吨/年乙烯工程项目奠基仪式在彭州市举行。

是月 国家发改委发布公告核准彭州工业开发区为省级工业园区。

3月5日 彭州市政府应急管理办公室成立。

4月6日 彭州公众信息服务中心正式成立。

4月28日 彭州市人民政府政务服务中心正式对外运行。

6月4日 彭州市获"2006浙商（省外）最具投资潜力城市"称号。

是月 "彭州佛塔"（镇国寺塔、正觉寺塔和云居院塔）"领报修院"被确定为第六批全国重点文物保护单位。

7月28日 彭州市首次户外广告位特许经营权拍卖会举行，总计成交106万元。

8月22日 国家杂交水稻工程技术研究中心主任、中国工程院院士袁隆平到彭州市视察优质杂交水稻高产示范片建设情况。

9月1日 彭州市聘请中科院院士、鱼类生物学专家曹文宣为彭州市水产业顾问。

11月15日 彭州市天主教爱国会成立。

2007年

1月6日　全省首家陶艺博物馆在桂花镇竣工落成。

1月19日　全省首家县（市）级120一级指挥调度平台正式开通。

3月21日　省体育局、省排球协会向彭州中学授予"省男子排球后备人才重点学校"称号。

8月1日　"彭州市林权流转交易中心"在市林业和园林管理局挂牌成立。

11月20日　彭州市对四川省敖平水泥有限公司、彭州市琪佳水泥有限公司、彭州市供销社水泥厂、彭州市草坝水泥有限责任公司和成都市渝化水泥厂5家小水泥企业实施强制关闭。

12月25日　新兴镇石梯村煤矿成功炸毁关闭，至此，彭州市年产3万吨以下小煤窑全面关闭。

2008年

1月7日　中国（彭州）西部蔬菜科技博览园区项目建设签约仪式在行政中心举行。

1月29日　彭州"济生堂"商标获评四川省著名商标。

是月　彭州市人民政府被四川省人民政府评为四川省第二次全国农业普查先进集体。

2月1日零时起　通行成彭高速的川A、川O（货车除外）车辆将不再由车主缴纳车辆通行费。

5月12日下午14时28分　四川省阿坝州汶川县发生里氏8.0级特大地震，彭州是国务院确定的全国10个极重灾区之一。

5月17日14时　中共中央总书记、国家主席、中央军委主席胡锦涛到灾情严重的彭州市龙门山镇，查看受灾情况，指导抗震救灾工作。

5月22日　人力资源和社会保障部、公安部联合作出决定，授予蒋敏同志"全国公安系统一级英雄"荣誉称号。

6月5日　国家质检总局正式批准对彭州大蒜实施地理标志产品保护。

8月28日　中国节能投资公司投资3.5亿元建设的新型墙体材料生产线项目在彭州市正式奠基。

10月31日　彭州老年大学舞蹈队编排的舞蹈《思念美丽的草原》在"首届全国社区健身舞蹈汇演"比赛中获舞蹈类金奖。

11月11日　永辉（彭州）农产品加工配送中心项目开工奠基典礼在濛阳镇举行。

2009年

5月12日　由福建援建、华润集团出资1000万元，总投资2000多万元的新小鱼洞大桥正式建成通车。

6月26日　法国驻成都总领事杜满希一行到彭州参观白鹿上书院地震遗址并出席白鹿村卫生所奠基仪式。

9月17日　福建省援建彭州公路项目彭白公路建成通车。

2010年

1月1日　新关口大桥建成通车。

2月1日0时起　彭州市关闭丹景山收费站，停止收取车辆通行费。

5月12日　福建省援建彭州通济片区总投资4.38亿元的23个项目整体移交，主要以新城区受灾群众永久性安置房、路网基础设施、公共服务项目以及防洪堤建设为主。

6月20日　由福建省援建的市人民医院、妇幼保健院、精神病医院、群众艺术馆、灾后重建规划展示馆、广电中心、老年福利中心7个项目竣工，标志着由

福建省援建彭州市的115个交钥匙项目全部竣工交付使用。

8月23日　四川石化基地环保分局揭牌，标志着彭州专门负责四川石化项目的环境监督管理机构正式成立。

10月29日　中国西部（国际）农副产品标准化产业园奠基仪式在濛阳镇举行，该项目总占地面积902.73亩，总投资5.78亿元。

2011年

2月9日　巴西纪录片制作公司Cinevideo Producoes《传统制鼓》系列纪录片制作组到葛仙山镇蒲沟村，对制鼓世家刘应文的制鼓传统进行拍摄。

3月9日　在全省召开的春耕生产现场会上，彭州市荣获全省2010年粮食生产绩效考核奖，被省政府授予"丰收杯"。

5月8日　中共中央政治局常委、国务院总理温家宝在四川省委副书记、省长蒋巨峰和成都市委原主要负责人的陪同下，到彭州市新兴镇寿阳泉进行视察，与当地村民亲切交谈，询问灾后重建和产业恢复发展等情况。

6月20日　中央政治局委员、国务委员刘延东一行在四川省委书记刘奇葆、成都市委原主要负责人和成都市市长葛红林陪同下，到彭州市磁峰镇鹿鸣荷畔视察灾后重建情况。

7月12日　全国人大常委会副委员长、九三学社中央主席韩启德到磁峰、小鱼洞、新兴等镇调研灾后恢复重建工作。

8月6日　成都市首个土地股份合作社在磁峰镇鹿鸣荷畔挂牌成立。

8月27日　彭州市被国务院列为第三批新型农村养老保险试点县，自2011年7月1日起执行。

8月29日　国务院高级参事刘燕华到彭州市龙门山猕猴桃基因库草坝、董坪基地调研有机猕猴桃基地建设工作。

9月20日　成灌快铁主线和彭州支线正式合龙。

10月22日　密克罗尼西亚联邦副总统阿利克·阿利克率政府代表团到彭州市考察现代农业。

是月　濛阳镇被环保部正式命名为"全国环境优美乡镇"。

11月9日　彭州市57家砂石企业关闭仪式在小鱼洞镇太子村举行。

12月1日　缅甸联邦共和国国防军代表团一行24人到彭州市考察现代农业。

2012年

3月8日　彭州市曲艺家协会召开成立大会暨第一次代表大会。

4月12日　"彭州莴笋"通过国家农产品地理标志评审。

5月9日　成绵高速复线正式通车。

6月20日　彭州市获得全国"国际友好城市战略发展奖"。

8月17日晚　彭州市山区遭受暴雨袭击，最大雨量达247毫米。暴雨引发的山洪泥石流造成沿山地区8000余名游客、400余户群众被困，道路、桥梁、房屋多处受损，电力、通信中断。20余个救援小组进入灾区进行救援抢险工作。

8月23日　彭州市与理查逊市建立友好合作关系。

10月26日　彭州市专家顾问团成立大会暨首届彭州发展论坛召开。

12月21日　彭州市被中国纺织业联合会授予"中国家纺名城"称号。

2013年

1月9日　中国民主建国会成都市委员会彭州支部正式成立。

1月15日　全国政协副主席、民革中央副主席厉无畏到彭州市视察创意农业发展情况。

5月5日　长江流域鱼类保护生物学2013年学术研讨会在彭州市举行。中科院院士曹文宣出席研讨会。

7月20日　中国曲艺界采风团到彭州市进行创作采风，并召开创建中国曲艺之乡工作座谈会。

8月13日　中国科学院院士、南方科技大学校长朱清时一行到彭州市参观考察。

8月20日　四川白水河国家级自然保护区通过红外相机首次拍摄到两只国家一级保护野生动物金丝猴影像资料。

10月17日　马来西亚巴生中华总商会与彭州市总商会举行签约仪式，双方正式结为友好商会。

11月1日　中国蔬菜流通协会与彭州市人民政府签订《蔬菜战略合作框架协议》。

11月18日　彭州市正式启动城区"煤改气"工程。

2014年

4月1—3日　CCTV-7《美丽中国乡村行》节目摄制组走进彭州，摄制九尺板鸭、军屯锅魁、白鹿中法风情小镇、海窝子古街等本地特色美食、美景。

4月30日　成灌快速铁路成彭支线正式投入运营。该线路自成灌铁路郫县西站经新民场、三道堰、古城至彭州市区线路全长21.2公里，总投资约30亿元。

5月22日　彭州市召开民主同盟彭州总支委员会成立大会。

是月　白鹿音乐小镇被评为国家AAAA级旅游景区。

8月11—14日　第六届全国少儿曲艺大赛在彭州开幕。

9月　彭州市与澳大利亚昆士兰州伊普斯维奇市签署《建立友好城市关系协议书》。

10月25日　彭州市微电影《远方的来信》荣膺第二届中国（杭州）国际微电影展"十佳城市微电影"金桂花奖。

11月7日　CCTV-13《东方时空》报道国务院督查第一回访组在彭州市政务服务中心调研"一窗一章"政务服务改革工作。

12月29日　总投资9.27亿元的成都泰资、成都增材科技有限公司项目在成都航空动力产业功能区开工奠基。

2015年

1月　彭州市与奥地利施蒂利亚州米尔茨楚施拉格市建立友好合作关系。

2月6日　《人民日报（海外版）》刊文《四川彭州废墟上崛起美丽新农村》，就彭州灾后一、二、三产业发展的情况，新农村建设和农民幸福生活等方面进行详细报道。

3月14日　央视媒体新华网络电视以《彭州：花重葛仙山·春意满彭州》为题报道彭州市葛仙山乡村旅游节暨田园赏花活动。

9月1日　彭州市召开彭州市综合行政执法局成立大会，为综合行政执法局授牌、授印。

10月8日　彭州市正式启动人力客运三轮车经营权回购工作。

10月23日　彭州市与意大利皮埃蒙特大区韦尔切利市签署《建立友好合作关系城市备忘录》。

是日　成都增材科技有限公司实验中心以及增材金属3D打印制造相关国家级工程中心、实验室等项目在航空动力产业功能区举行开工仪式。该项目计划总投资317亿元，占地面积112亩，建筑面积63991平方米。

11月9日　彭州市入选2015"中国十佳运动休闲城市"。

11月24日　彭州市与波兰下西里西亚省希维德尼察市签署《建立友好合作关系城市备忘录》。

11月27日　彭州市白鹿镇与法国塞纳-马恩省莫雷市签署《建立友好合作关系备忘录》。

12月6日　彭州市获"全国十佳最具投资竞争力城市"荣誉称号。

2016年

1月28日　湔江河谷旅游功能区工作小组办公室挂牌。

是月　龙门山镇宝山村获"中国乡村旅游模范村"称号。

3月15日　彭州市获"中国家纺流通示范基地"称号。

3月23日　彭州市被省林业厅、省发改委、省财政厅联合授予"现代林业重点县"称号。

4月1日　彭州市政务服务中心为彭州市西海商贸有限公司颁发全市首张电子营业执照。

是月　彭州市与韩国忠清北道堤川市签署《建立友好合作关系城市备忘录》。

5月9日　彭州市与瓦努阿图卢甘维尔市签署《建立友好合作关系城市备忘录》。

8月　四川宝山新农村建设文化普及基地被认定为"四川省社会科学普及基地"。

9月24日　第十六届全国"村长"论坛在龙门山镇宝山村开幕。

10月29日　彭州市与法国塞纳-马恩省、莫雷市在第五届中法地方政府合作高层论坛上共同荣获"中法地方合作奖"。

是月　彭州市被国家环境保护部命名为"国家生态市"。

11月　彭州市获全国"书香城市（区县级）"称号。

12月18日　彭州市获"中国美丽乡村建设示范县"称号。

2017年

1月20日　彭州市道教协会成立。

4月19日至5月1日　白水河国家级自然保护区管理局邀请保护国际（CI）和四川大学的植物专家，在彭州境内的葛仙山镇、白鹿镇开展距瓣尾囊草本底资源第一次外业调查，发现中国最大的距瓣尾囊草种群，规模3000余株。至此，彭州境内已被发现和确认的距瓣尾囊草共5个种群数量4000余株。

5月12日　国网彭州市供电公司濛阳供电所获"中国最美供电所"称号。

7月27日　彭州国际友城合作馆开馆仪式在彭州市南部新城举行，奥地利、法国等9个国家相关领导，与省、成都市、彭州市主要领导出席仪式。

9月16日　"海外彭州"澳大利亚工作站签约仪式在成都香格里拉大酒店举行。工作站设在澳大利亚昆士兰州布里斯班，是彭州市首个海外工作站。

是　月　应泰国尖竹汶府政府邀请，彭州代表团到访尖竹汶府，双方签署《建立友好合作关系备忘录》。

10月12日　法国塞纳-马恩省莫雷-塞纳-卢万地区驻彭州市及白鹿镇旅游办事处"莫雷之家"正式开幕，彭州市与法国塞纳-马恩省签署《建立友好合作关系备忘录》。

10月25日　彭州市与加拿大安大略省奥克维尔市签署《建立友好合作关系备忘录》。

10月29日　彭州市政务服务中心正式开通"政务家"24小时自助取件服务。

12月28日　在中共彭州市委统战部的组织推动下，彭州市党外知识分子联谊会成立。

2018年

1月15日　彭州市被国家卫计委授予"2017年度国家级妇幼健康优质服务示范县（市、区）"称号。

2月9日　彭州市监察委员会成立大会召开。

2月28日　丹景山景区获国家AAAA级旅游景区称号。

5月15日　四川省旅游资源规划开发质量评定委员会同意国家AAAA级旅游景区"成都市彭州白鹿中法风情小镇旅游景区"更名为"成都市彭州白鹿音乐小镇"。

是　月　彭州市与奥地利施蒂利亚州米尔茨楚施拉格市正式建立友好城市关系。

6月12日　总投资1亿元的新建航空发动机配件及精密模具设计与制造项目成功落户成都航空动力产业园。

是日　总投资1亿元的广东高尚集团有限公司正电子药物研发生产基地项目落户彭州工业开发区。

6月25日　总投资1亿元的成都朗迪环保科技有限公司新建发动机零部件及无人机零部件研发与制造项目落户成都航空动力产业园。

7月10日　彭州市荣获"四川省民间文化艺术之乡——川剧之乡"称号。

7月12日　四川省内首条"四改八"高速公路——成彭高速公路扩容改造工程竣工通车。

10月　彭州市法院家事审判团队获全国家事审判改革先进集体、四川省法院家事审判改革工作先进单位荣誉称号。

11月23—24日　首届国际航空3D打印高峰论坛在龙门山镇举行。

是月　应泰国春武里府政府邀请，彭州市访问团组拜访春武里府，双方签署《建立友好合作关系备忘录》

12月10日　彭州市与立陶宛阿尼克什奇艾市签署《建立友好合作关系城市备忘录》。

12月13日　彭州市与法国塞纳-马恩省在第六届中法地方政府合作高层论坛上共同荣获"地方开发合作奖"并签署《建立友好城市关系协议书》，双方建立正式友城。

12月26日　四川省2018年重点项目"现代中药高技术产业化基地"项目开工奠基仪式在彭州市工业开发区举行。该项目占地面积605亩，总投资17.4亿元。

2019年

1月8日　彭州市"龙门柒村民宿"项目首宗农村集体建设用地使用权成功挂牌出让，成交面积1115亩，以起始价63万元每亩成交，成交总额70.25万元。

2月28日　教育部等五部门联合发文，确定彭州市为国家级农村职业教育和成人教育示范县（市、区）。

3月25日　中国人民解放军第五七一九工厂的"高端动力装备关键零部件表面增强与键离技术研究及应用"项目获四川省科技进步一等奖。

4月10日　第二届中国·彭州曲艺牡丹嘉年华活动在新兴镇举行。开幕式举行"中国曲艺名城"授牌仪式，彭州市获"中国曲艺名城"称号。

4月22日　总投资2亿元的山东特利尔医药有限公司现代中药研发生产项目落户彭州市。

5月5日　总投资4540万元、年产3500吨的三菱化学功能塑料项目建成开业。

5月31日至6月2日　2019中国中医药产业创新大会在彭州市举行。

6月14日　由中国人民对外友好协会、四川省人民对外友好协会、法国塞纳-马恩省议会共同主办，彭州市协办的的首届中法历史文化名城对话会在法国友城塞纳-马恩省枫丹白露宫举行。

7月1日　彭州市获批国家知识产权强县工程试点县（市、区）。

8月29日　彭州市加入世界遗产城市组织，成为中国加入世界遗产城市组织的观察员城市之一。

9月27日　彭州市成立农业职业经理人联谊会。

10月8日　彭州市入选2019年度全国投资潜力百强县市。

10月18日　第七届中国成都国际非遗节彭州市分会场开幕式上，彭州市市长与印度尼西亚马塔兰市市长签署《建立友好合作关系备忘录》，建立友好合作关系。

10月23日　彭州市入选2019"中国西部百强县市"和"西部大开发20年县域高质量发展20个典型案例"。

11月13日　彭州市与什邡市签订教育协同发展联盟合作框架协议。

11月22日　总投资5亿元的天府原乡、总投资1亿元的四川戏剧文博中心2个项目落户彭州市湔江河谷旅游区。

11月30日至12月1日　2019中国成都（彭州）生态运动季暨龙门山国际户外生态三项赛在葛仙山镇举行，来自23个国家和地区的3000名运动员参赛。

12月4日　彭州市城乡社区发展治理"花村街模式"入选2019年全国十大创新案例。

12月25日　彭州市中医医院获评"三甲"。

12月29日　彭州市获评"2019社会治理创新典范城市"。

2020年

2月21日　彭州市第一批支援湖北医疗队11名医务人员集结出征。

4月24日　成都医学院第一附属医院彭州分院授牌仪式在彭州市第二人民医院举行。

4月27日　总投资3亿元的高端医疗设备产业化医用核酸检测拭子等医疗用品项目落户彭州市。

5月9日　成都新材料产业功能区入选四川省首批10个院士（专家）产业园。

6月5日　彭州市与中石化川西天然气勘探开发有限公司签订《川西气田产能建设项目投资协议书》，合作建设总投资120.19亿元的川西气田产能建设项目。

6月10日　彭州市全面完成村（社区）体制机制改革工作，由原355个村（社区）调减为202个，调减比例为43.10%。

7月16日　总投资约30亿元的大熊猫国家公园入口社区龙门山熊猫生态谷项目落户彭州市龙门山镇，规划用地面积约4300亩。

7月23日　彭州市举行成渝地区双城经济圈中医药发展联盟成立大会。

7月29日　总投资1.57亿元的成都金克星气体有限公司气体生产线调迁项目落户彭州市。

8月　彭州市选送的"白鹿白茶"项目获四川省退役军人创业创新大赛"精准扶贫"类第二名。

9月17日　《中国西部地区县域发展监测报告2020》发布，彭州市入选"2020中国西部百强县市""2020中国西部地区县域全面建成小康社会典型案例"。

9月27日　白鹿音乐小镇获"四川省文化旅游特色小镇"称号。

10月24日　彭州市举行中国地震学会彭州天空之眼基地授牌仪式暨无人机科创中心项目签约仪式。

是　月　成都新材料产业功能区入选中国石油和化学工业联合会第三批"智慧化工园区试点示范（创建）单位"名单。

11月6日　青白江区、新都区、彭州市、金堂县集中签订生态环境应急机制和资源合作共享框架协议。

12月1日　彭州市入选第五届四川省文明城市。

12月9日　彭州市彭什川芎现代农业园区入选成德眉资交界地带融合发展首批精品示范项目。

12月14日　彭州市白鹿镇与法国塞纳-马恩省莫雷-塞纳-卢万共同体续签《建立友好合作关系备忘录》。

12月25日　彭州市与匈牙利凯奇凯梅特市签署《建立友好合作关系备忘录》，正式建立友好合作关系。

2021年

1月18日　彭州市获"2018—2020年全国计划生育优质服务先进单位"称号。

3月14日　塔吉克斯坦驻华大使佐希尔·萨义德佐达一行到彭州考察天府中药城，推动中医药领域合作交流。

3月15日　彭州市妇幼保健院获评"三甲"。

3月25日　彭州市与重庆市武隆区政务服务管理办公室签订政务服务"川渝通办"合作协议书，发布与武隆区合作的首批77项政务服务通办事项清单，打造出"跨省通办"政务服务新品牌。

4月2日　彭州市人民医院成功创建国家三级甲等综合医院。

是　日　农业农村部举办2021中国美丽乡村休闲旅游行（春季）推介活动，

发布55条春季精品线路以及176个精品景点，其中彭州市葛仙熙林春色林盘休闲游精品路线、3个精品景点入选。

6月28日　彭州市2021年二季度重大项目集中签约暨四川中医药职业院校项目奠基仪式在天府中药城举行，标志着四川中医药职业院校、彭州市友臣药食同源养生食品生产等25个重大项目正式启动。

7月27日　彭州市分别与墨西哥瓜纳华托市、哥伦比亚派帕市举行线上签约仪式，签署《建立友好合作关系备忘录》。

7月28日　九三学社成都市委员会和彭州天府中药城举行"九三学社中医药创新发展彭州基地"揭牌暨签约仪式，签订《协同推进现代中医药产业发展战略合作协议》。

9月3日　成都彭州市—德阳什邡市区域协同发展领导小组2021年第一次会议暨彭什川芎现代农业产业园区管委会、平台公司揭牌仪式在彭州市举行。

10月8日　彭州市与韩国忠清北道堤川市通过邮寄签约的形式，正式升级为友好城市关系。

11月11日　2021年度全国投资潜力百强县市榜单发布，彭州位列全国第50名。

12月15日　彭州市与俄罗斯联邦鞑靼斯坦共和国列宁诺戈尔斯克区签署《建立友好合作关系备忘录》。

2022年

1月26日　彭州市敖平镇友谊村获评"2021年度四川省乡村振兴示范村"。

是月　彭州市被全国爱国卫生运动委员会重新确认为国家卫生城市。

2月25日　彭州市被评为四川省乡村运输"金通工程"样板县。

3月22日　华融化学股份有限公司（股票简称：华融化学，股票代码：301256.SZ）在深交所创业板挂牌上市。

4月1日　智利驻成都总领事古斯塔沃·迪亚兹到访彭州，就推动彭州与智利在友城建设、农业、商贸领域的交流合作进行沟通。

5月20日　彭州市人民政府与成都东部新区管委会签订区域合作协议。

6月26日　彭州市三环路正式建成通车。项目全长25.2公里，双向六车道配四个辅道、两个非机动车道，同步配套绿道、雨污水管网、驿站、港湾式公交站台和5G智慧交通设施等，新建分离式公路立交9处，新改造铁路下穿立交2处。

6月29日　彭州市被认定为第三批国家农村产业融合发展示范园。

是月　彭州市荣登"2022年全国县域旅游发展潜力百佳县"榜单，位居全国第3名。

7月18日　2022赛迪百强县榜单发布，彭州市作为2022年全国首次进入百强县的4个县域之一上榜，位列第95位。

8月16日　彭州市天府路小学"梨园新蕾艺术团"的革命现代川剧《杜鹃山·无产者》获第26届"中国少儿小梅花最佳集体节目奖"。

8月25日　彭州市白鹿音乐旅游片区成功入选国家级夜间文化和旅游消费集聚区。

是月　彭州市获批四川省首批县城商业建设行动示范县。

9月30日　2022年成都（彭州）重大项目签约开工仪式暨成都氢谷发布会活动在成都新材料产业功能区举行，标志着"成都氢谷"正式扬帆起航。

10月21日　彭州市渔江楠村入选第二批天府旅游名村。

11月2日　彭州市柒宿·溪驻、无所事事（梧桐店）成为全国首批通过《乡村民宿服务质量规范》（GB/T39000-2020）认证并在国家认监委备案的乡村民宿。

11月18日　彭州市获"新时代十年成都制造业发展先进单位"称号，中国石油四川石化有限责任公司、国营川西机器厂（5719厂）、四川新绿色药业科技发展有限公司获"新时代十年成都制造业发展优秀企业"称号。

11月19日　彭州市获全国"第六批生态文明建设示范区"称号。

11月24日　彭州市与柬埔寨暹粒市履行电子签约，正式缔结友好合作关系。

是月　彭州市滨河路被评为"成都最美街道"。

12月8日　成都中医药大学天府中医药创新港一期项目奠基仪式在彭州市举行，同时为四川省经典名方二次创新开发工程研究中心授牌。

12月12—16日　"彭州好品汇·乐购双十二"电商直播节举行。

12月15日　彭州市与巴西伯南布哥州伊波茹卡市缔结友好合作关系。

2023年

2月15日　2023年成都·彭州（粤港澳大湾区）投资合作恳谈会在深圳圆满举行。

2月21日　第四届全国油气开发专业职业技能竞赛暨中国石油首届技术技能大赛催化重整装置操作工竞赛在彭州市举行。

2月　成都国际陆港彭州片区首个C+农商文旅融合项目进入运营阶段。

是月　彭州市行政审批局与重庆长寿区政务服务管理办签订《四川省彭州市　重庆市长寿区政务服务"川渝通办"合作协议书》。

3月8日　"省侨联侨智精英市州行暨成都中医药大学侨联专家站签约授牌"活动在彭州市举行。

3月27日　第31届世界大学生夏季运动会代表团团长走进白鹿音乐小镇活动在彭州市举办。

3月30日　市域（郊）铁路设有彭州市濛阳站的成都至德阳线（简称S11线）正式开工建设。

4月2日　《环球时报》发布《中国城市美好生活新发展——中国城市投资吸引力指数报告》，彭州荣获"2022中国投资环境质量十佳县（市、区）"称号。

4月4日　重庆市长寿区人民政府与彭州市人民政府正式签订共推成渝地区双城经济圈战略合作协议。

是日　农业农村部信息中心主任王小兵一行来彭调研智慧农业建设情况，与彭州市签订战略合作协议。

4月14日　　G0511线德阳至都江堰高速公路（成都三绕北段）葛仙山收费站正式开放。

4月17日　　中央电视台《十分关注》乡村大舞台专题关注彭州牡丹盛宴。

4月30日　　白鹿国家级夜间文化和旅游消费集聚区2023年文旅促消费活动启动仪式暨春之声·白鹿春季音乐季国风国潮音乐盛会在白鹿钻石音乐厅启幕。

5月19日　　成都都市圈环线高速公路（简称"三绕"）彭州市丹景山互通项目建设完成并正式通车。

5月25日　　成都国际班列走进濛阳专题行动暨"东南亚—濛阳"专线开通仪式在濛阳街道举行。同时，青白江、彭州签订成都国际陆港区域协同发展战略合作协议。

5月31日　　成立川产道地药材产业联盟，四川知名中药企业、各道地药材产区政府等70余家单位共同加入联盟，彭州市人民政府当选为联盟首届理事长单位。

6月8日　　四川省药品监督管理局天府中药城工作站挂牌。

7月20日　　成都第31届世界大学生运动会巴西团组访问白鹿镇。

7月25日　　2023赛迪百强县榜单发布，彭州实现争先进位3位，排名第92位。

8月5日　　成都第31届世界大学生运动会美国学术代表团访问白鹿镇。

行政区划调整

1992年至今，经四川省人民政府批准，彭州实施多次行政区划调整，详情如下：

1992年10月，撤销通济区公所、思文乡、丰乐乡、桂花乡、永定乡、楠木乡、军乐乡、百贤乡、三界乡、罗万乡、清平乡、磁峰乡，建立桂花镇、楠杨镇、三界镇、磁峰镇、军乐镇。全县由33个乡镇调整为15个镇、13个乡，减少率为15.2%。

1994年8月，撤销三邑乡，建立三邑镇，撤乡建镇后所辖行政区域不变，镇政府驻地不变。

1995年5月，将楠杨镇的武备、五柏、新春、将军、凤鸣、永埝、尖峰7个村和石洞埝居委会划归九陇镇人民政府。

1996年12月，将隆丰镇马桑村划归九陇镇人民政府。

2000年6月，撤销庆兴乡，建立庆兴镇，撤乡建镇后所辖行政区域不变，镇政府驻地不变。

2001年6月，撤销小鱼洞乡、太清乡、升平乡、红岩乡，建立小鱼洞镇、太清镇、升平镇、红岩镇，撤乡建镇后所辖行政区域不变，镇政府驻地不变。

2002年7月，大宝镇更名为龙门山镇。8月，撤销西郊乡、致和乡、利安乡，建立西郊镇、致和镇、利安镇，撤乡建镇后所辖行政区域不变，镇政府驻地不变。9月，撤销万年乡、白鹿乡、竹瓦乡、北君平乡，建立葛仙山镇、白鹿镇、竹瓦镇、北君平镇，建镇后所辖行政区域不变，镇政府驻地不变。至此，彭州市成为成都市19个区（市）县中唯一没有乡建制的市（县）。

2003年11月，九陇镇更名为丹景山镇。

2004年9月，撤销西郊、利安、北君平、庆兴、竹瓦、三邑、太清、楠杨8个镇。原西郊、利安2个镇所辖行政区域划归天彭镇管辖；原北君平、庆兴2个镇所辖行政区域划归丽春镇管辖；原竹瓦、三邑2个镇所辖行政区域划归濛阳镇管辖；原太清镇所辖行政区域划归致和镇管辖；原楠杨镇所辖行政区域划归葛仙山镇管辖。

2004年，设立致和街道办事处，与致和镇政府合署办公，实行"两个牌子，一套人马"的管理模式。

2005年3月，增设天彭、濛阳2个街道办事处，与镇政府合署办公。全市辖20个镇3个街道、271个村85个社区。

2019年10月，撤销小鱼洞镇，将原小鱼洞镇所属行政区域划归龙门山镇管辖；撤销磁峰镇，将原磁峰镇所属行政区域划归桂花镇管辖；撤销红岩镇，将原红岩镇所属行政区域划归敖平镇管辖；撤销升平镇，将原升平镇所属行政区域划归九尺镇管辖；撤销隆丰镇和军乐镇，设立隆丰街道，以原隆丰镇和原军乐镇所属行政区域为隆丰街道的行政区域；撤销濛阳镇和三界镇，设立濛阳街道，以原濛阳镇和原三界镇所属行政区域为濛阳街道的行政区域；撤销新兴镇，将原新兴镇所属行政区域划归通济镇管辖，将通济镇思文场社区、官田村、姚家村、天生桥村、梓柏村、双杨村、涧安村所属行政区域划归白鹿镇管辖；撤销致和镇，设立致和街道，以原致和镇行政区域为致和街道的行政区域。丽春镇、丹景山镇、葛仙山镇、天彭街道行政区划不作调整。调整后，彭州市辖4个街道9个镇、83个社区119个行政村。

彭州市行政区划情况一览表

镇（街道） （2019年10月至今）	镇政府（街道办）驻地	村（社区） （2020年5月至今）
天彭街道 （22个社区，6个村）	彭州市天彭街道东湖大街399号	东林社区、南津社区、西海社区、里仁社区、天府中路社区、柳河社区、北塔社区、东湖社区、朝阳中路社区、清平社区、人和社区、锦阳社区、百和社区、光明社区、白马社区、龙檀社区、站前社区、滨河路社区、临江社区、枣子树社区、利安社区、龙安社区、雷音村、星光村、双星村、牌坊村、银木村、白庙村

镇（街道） （2019年10月至今）	镇政府（街道办）驻地	村（社区） （2020年5月至今）
致和街道 （15个社区，7个村）	彭州市天彭大道365号	北京堂社区、太平社区、万家社区、双龙社区、长庆社区、顺和社区、普照社区、东远社区、护贤社区、清林社区、连封社区、清洋社区、百祥社区、汇通湖社区、兴仁社区、和兴村、花土村、龙盘村、古云村、和源村、明台村、高桥村
濛阳街道 （9个社区，17个村）	彭州市濛阳街道濛海街1号	濛江社区、罗万社区、义和社区、杨湾社区、星月社区、竹瓦社区、永桥社区、凤凰石社区、东塔社区、丰碑村、三邑桥村、蔬香村、白土河村、金凤村、百兴村、三王村、汉王村、桂桥村、泉沟村、普华村、宝石村、清远村、方义村、春泉村、清圣村、白平村
隆丰街道 （4个社区，15个村）	彭州市隆丰街道兴府街103号	双埝社区、润林社区、军屯场社区、银定社区、西京村、文家村、九九村、西河村、万皇村、集贤村、岚锦村、桂花林村、九龙村、双河村、石迎村、井堰村、马牧河村、军屯村、玉皇村
丽春镇 （5个社区，13个村）	彭州市丽春镇丽蓉大道285号	君平街社区、花棚社区、谭家场社区、花街子社区、航动社区、白果村、元义村、黄龙村、天鹅村、长廊村、合江村、东风村、塔子村、景林村、黄鹤村、利和村、花草村、碧鸡村
九尺镇 （4个社区，7个村）	彭州市九尺镇兴隆街114号	玉源社区、九尺铺社区、升平社区、金沙社区、石泉村、广山村、龙福村、宝马村、昌衡村、青雀村、天宝村
敖平镇 （2个社区，9个村）	彭州市敖平镇敖兴街85号	敖家场社区、红岩子社区、友谊村、凤泉村、鹤泉村、星河村、兴平村、漓沅村、白塔店村、石龙山村、紫音泉村

镇（街道） （2019年10月至今）	镇政府（街道办）驻地	村（社区） （2020年5月至今）
龙门山镇 （2个社区，9个村）	彭州市龙门山镇复兴路331号	小鱼洞社区、白水河社区、宝山村、大湾村、草坝村、渔江楠村、湔江源村、龙源村、三沟村、团山村、九峰村
通济镇 （6个社区，6个村）	彭州市通济镇三明路3号	圆通坝社区、黄村坝社区、海窝子社区、阳平社区、青杠林社区、桥楼社区、天台山村、龙怀村、花坪村、花溪村、凤坪村、君山村
白鹿镇 （2个社区，6个村）	彭州市白鹿镇思文街300号	白鹿场社区、思文场社区、塘坝村、白鹿顶村、白茶村、天生桥村、姚家村、官田村
丹景山镇 （4个社区，6个村）	彭州市丹景山镇南安大道88号	石洞埝社区、石牛社区、东前社区、关口社区、杉柏村、武备村、石河村、新春村、双松村、丹景村
葛仙山镇 （3个社区，9个村）	彭州市葛仙山镇惠安大道88号	楠杨社区、万年社区、楠林社区、熙玉村、张泉村、普红村、花园村、井泉村、华顺村、云居村、官仓村、群柏村
桂花镇 （5个社区，9个村）	彭州市桂花镇金桂西街264号	桂花社区、丰乐社区、磁峰社区、金城社区、鹿坪社区、双红村、三圣村、林泉村、红石桥村、利济村、衡州村、龙头村、蟠龙村、石门村

彭州市行政区划标准地名图（1998版）

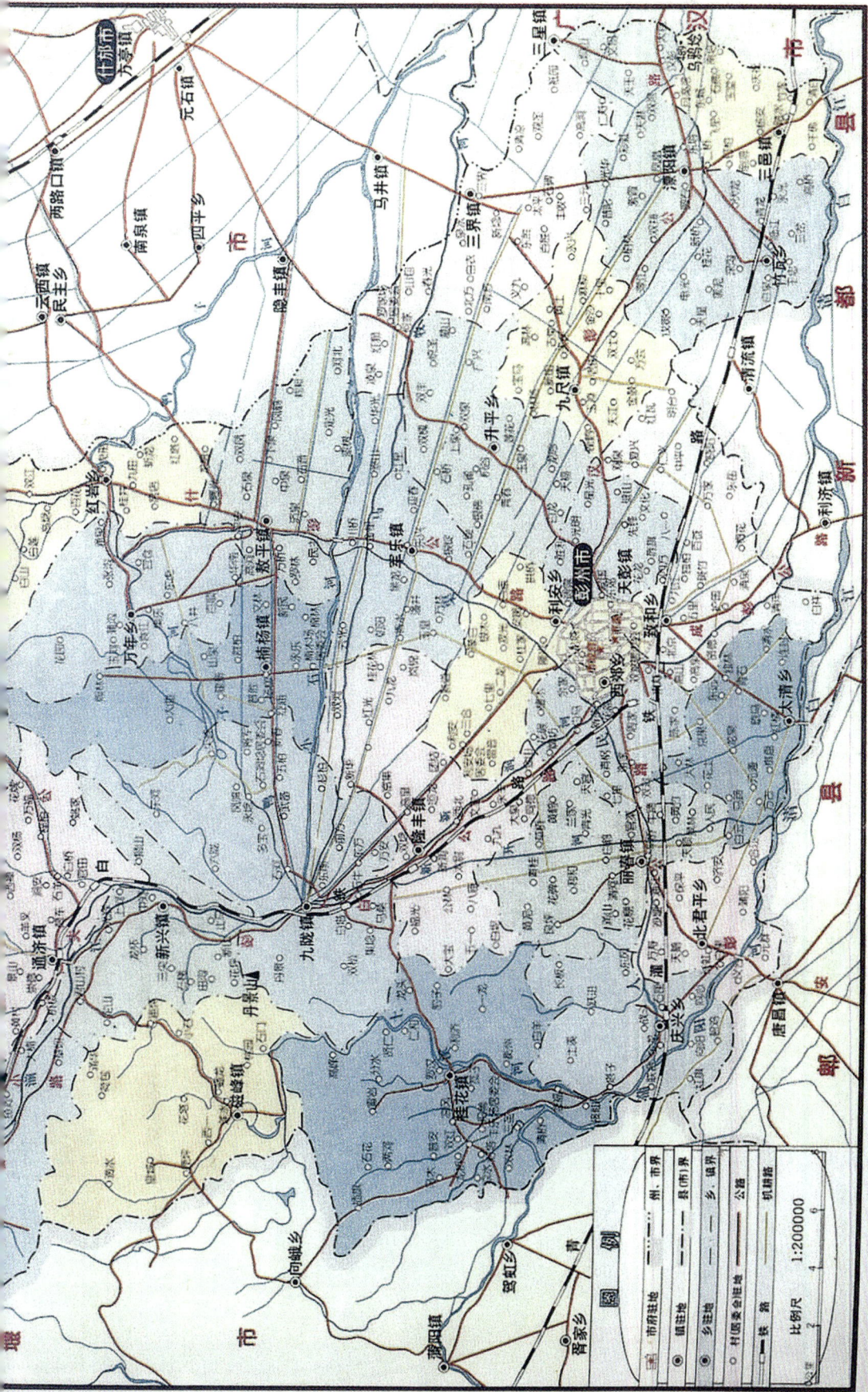

什邡市
方亭镇
元石镇
两路口镇
四平乡
南泉镇
云西镇
民丰乡
隐丰镇
马井镇

三星镇
乌龙场乡
濂阳镇
三邑镇
竹瓦乡
流流镇

什邡市
红岩乡
聚平镇
柿稻镇
羊头镇
九尺镇
升平乡
利安乡
彭州市
天彭镇
致和乡
成都市
北君平乡
利济镇

万年乡
隆丰镇
丹泉山
军乐镇
太清乡
庆兴乡
唐昌镇
郫
都
县

通济镇
新兴镇
磁峰镇
桂花镇
窑渠乡
音家乡
龙门山镇
同乡
青

堰
市

县

市

彭州市（PengZhou Shi）简介

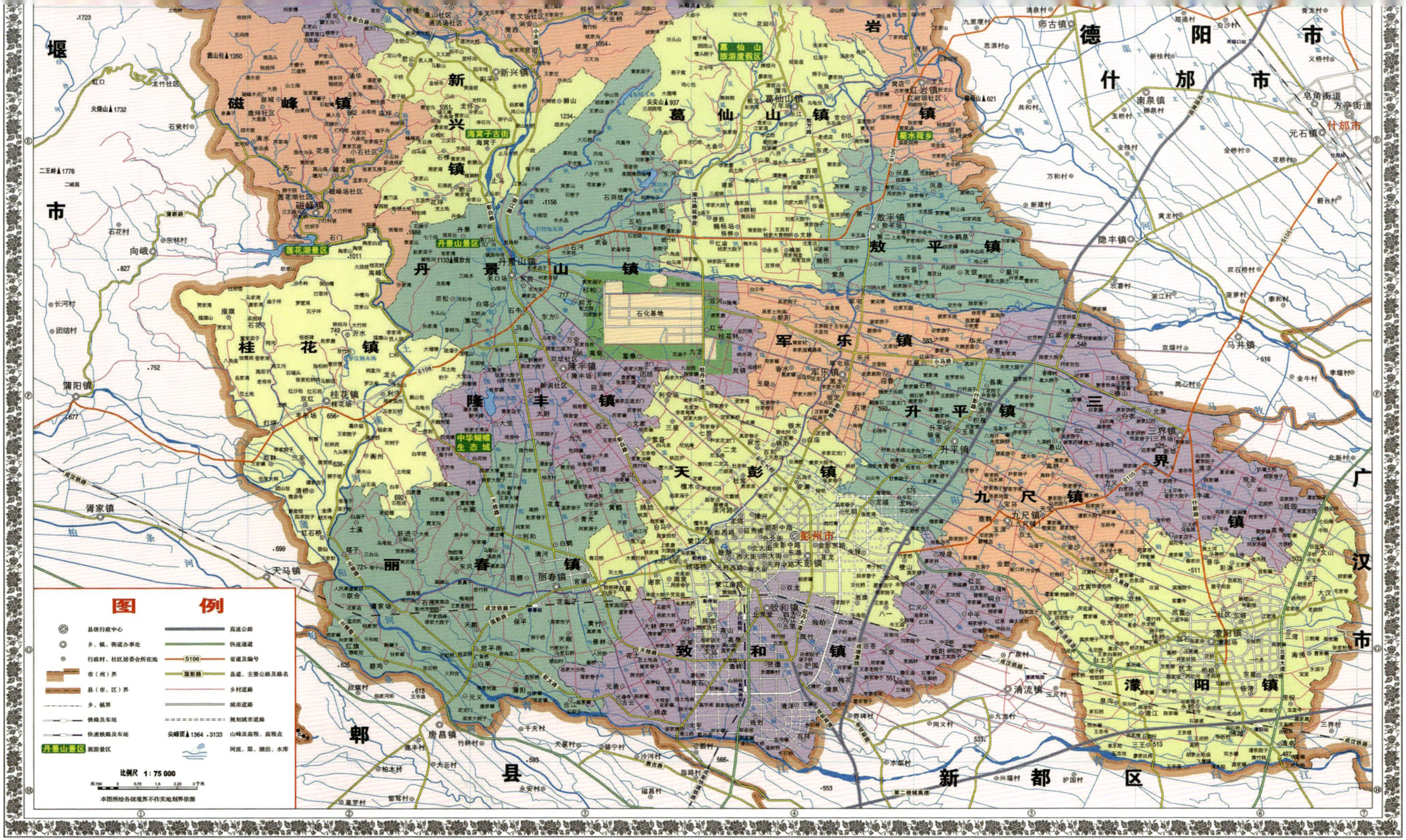

审图号：川S（2013）67号

彭州市民政局　成都地图出版社联合编制　2013年12月

彭州市红色地图

太子城
4814

宝山旅游景区
宝山村历史陈列室
白水河社区

龙门山国家地质公园

龙门山镇

彭白路

领报修院

白鹿地震遗址公园
白鹿镇

通济镇
海窝子社区

磁峰社区

蓮花湖景区
三昧禅林

黄仙山景区
法藏寺

1929年彭县党员大会遗址
丹景山镇
原东方瓷厂
胡春浦在彭州秘密革命活动旧址

彭州市烈士陵园

葛仙山镇
红岩子社区

蜀水莲乡

隆丁街道

什路

敖平镇

"猎枪会"纪念馆
桂花镇

彭白路

彭
军屯场社区

彭州市

中华娥耀生态城
天桂路

刘邓潘起义纪念馆
龙兴寺
乘春亭

市档案馆档案展览厅
李一氓故居

升平社区

杨石琴牺牲地
枣子树社区

九尺镇

5719工厂厂史馆
丽春镇

三环路

天桂路

天彭街道

彭县早期建步民众团体"鸣泉俱乐部"旧址

望蜀里

蔬菜主题公园

致和街道

濛阳街道

蔬香大道

成都第二绕城高速

图例
★ 彭州市中共党史教育基地
▌ 彭州红色地标
♀ 旅游景区
━ 川西旅游环线
━ 主要旅游通道
▭ 铁路

N

"扫一扫"
了解红色地标详情

272.

彭州市水系图

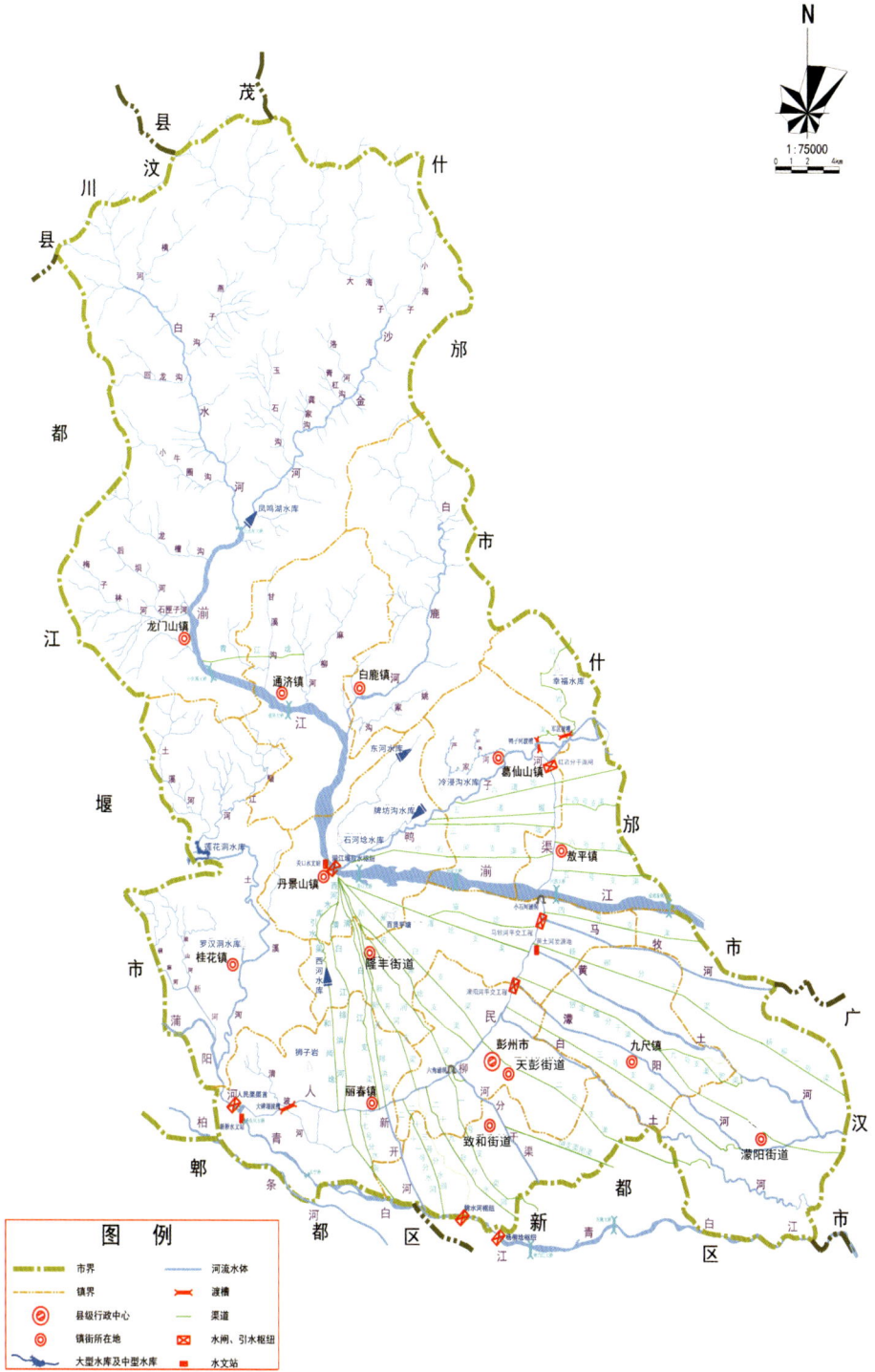

N

1:75000
0 1 2 4km

茂县
汶川县
什邡市
都江堰市
崇州市
广汉市
新都区

龙门山镇
通济镇
白鹿镇
葛仙山镇
敖平镇
丹景山镇
桂花镇
濛阳街道
天彭街道
九尺镇
致和街道
丽春镇
隆丰街道

凤鸣湖水库
幸福水库
冷潭沟水库
石河坝水库
罗汉洞水库
东河水库
西河水库

后　记

　　《砥砺奋进谱华章——彭州撤县设市30年图文纪实》是在中共彭州市委、彭州市人民政府领导下，由彭州市地方志编纂委员会办公室、彭州市档案馆牵头编纂，记录彭州撤县设市30年发展历程的资料汇编性书籍。

　　存史为修志之根本。本书编纂以1998年至2022年的25本《彭州年鉴》和《彭州市志（1986—2005）》为基础资料，历时两载，数易其稿，如期出版。全书采取图文互现的形式，共7万余字和630余幅精选图片，以对比分析的手法，力求用一组组数据和一幅幅图片，客观、真实地展示彭州撤县设市30年的辉煌成就和城乡巨变。根据成书时间要求和内容需要，全书各类数据采集以1992年12月为上限，以2022年12月为下限，部分内容适当下延。

　　本书的编纂出版，是集体智慧的结晶。在资料收集和编纂定稿阶段，得到了市级相关部门、各镇（街道）以及热爱彭州的摄影爱好者的大力支持和积极配合，在此表示感谢！本书采用统一署名的形式，由于图片收集渠道较宽，对有些老照片因拍摄年代较久远而无从查考其拍摄者，以及个别统计遗漏的提供材料者，在此表示歉意。

　　因本书涉及内容浩繁、时间跨度大，加之编者积累的资料有限，学识和经验欠缺，在内容取舍、篇目设置、校对考证等方面定有许多值得商榷和不当之处，敬请读者谅解和批评指正。

本书编辑部

2023年7月